Draken

Een waargebeurd verhaal

TANIS HELLIWELL

Andere boeken van Tanis Helliwell

The Leprechaun's Story: As told by Lloyd to Tanis Helliwell

Goeiemorgen, Henry: een diepgaande dialoog met je innerlijke intelligentie

Spirits van Hawaï: mystieke ontmoetingen met de Voorouders

Hybriden: mensen met een ruimer bewustzijn. Meer dan alleen mens

Een zomer met het kleine volkje

Pilgrimage with the Leprechauns: a true story of a mystical tour of Ireland

Decoding Your Destiny: keys to humanity's spiritual transformation

Manifest Your Soul's Purpose

Embraced by Love: Poems

Draken

Een waargebeurd verhaal

TANIS HELLIWELL

Oorspronkelijke uitgever: Wayshower Enterprises

Library and Archives Canada Cataloguing in Publication

Oorspronkelijke titel: The Dragon's Tale

Auteur: Helliwell, Tanis

Oorspronkelijke uitgever: Wayshower Enterprises

Identificatienummers: Canadiana (print) 20240344782 | Canadiana (ebook) 20240344820 | ISBN 9781987831511 (Dutch softcover)

Trefwoorden: LCSH: Draken | LCSH: New Age beweging | LCSH: Spiritualiteit

Classificatie: LCC BP605.N48 H45 2024 | DDC 299/.93-dc23

Omslagontwerp door Nita Alvarez en Maywood Design.

Vormgeving en lay-out door Maywood Design.

Omslagafbeelding "Jake" bewerkt door Nita Alvarez. "Beautiful clouds digital art", "Te Kouma, New Zealand" en "Gradient Numerology" door Freepik.

Nederlandse vertaling uit het Engels door Gerrie Huijts.

https://www.tanishelliwell.com/

Voor Mahavatar Babaji, die de weg toonde.
Zonder zijn aansporing zou dit boek nooit geschreven zijn.

Inhoudsopgave

Inleiding

Draken bestaan echt.

Dit boek is een waargebeurd verhaal over mijn ontmoetingen met draken.

Draken worden zelden gezien omdat ze in een hogere frequentie verblijven dan onze snelle, technologische wereld. Maar dit is aan het veranderen nu de mensheid zich opnieuw bewust wordt van de mogelijkheid dat er andere intelligente wezens en hun werelden bestaan.

Als we ervoor openstaan, is er overweldigend bewijs. Het bestaan van draken wordt al duizenden jaren mondeling doorgegeven. Verwijzingen naar draken gaan meer dan 4000 jaar terug: in Sumerië en het oude Mesopotamië wordt het oudste geschreven woord voor draak geschreven als 'usum-gal' (gal = groot / usum = slang). De ster, Alpha Draconis, die de thuiswereld van de draak is, wordt ook wel Thuban genoemd, het Arabische woord voor slang. Draconis staat in het sterrenbeeld Draco, dat van 3942 tot 1793 voor Christus de ster van de Noordpool was en veel mythes en verhalen over draken stammen uit die tijd.

Over de hele wereld en in veel verschillende talen hebben mensen woorden bedacht om draken te beschrijven, maar hoe ze worden afgebeeld en of ze als vriendelijk of dodelijk worden beschouwd, verschilt sterk tussen culturen. In de Chinese en Oosterse mythologie worden draken over het algemeen als goedaardig en wijs gezien, vereerd en vertegenwoordigen ze de oerkrachten van de Natuur en het Universum. Draken in Europa worden daarentegen meestal gezien als kwaadaardig. In de Griekse mythologie worden draken gezien als een van de Titanen soorten, die door de Olympische goden worden bestreden en verbannen. In het Christendom worden draken vereenzelvigd met het kwaad. Aartsengel Michaël en Sint Joris worden vaak afgebeeld terwijl ze draken verslaan, die worden geassocieerd met seksualiteit en voorchristelijk heidendom.

In Meso-Amerika komen we de draak tegen als de gevederde slang Quetzalcoatl. De verering van Quetzalcoatl begint in de eerste eeuw voor Christus en duurt voort tot Cortez in het begin van de zestiende eeuw in Amerika arriveert. Quetzalcoatl is een Christusachtige figuur van wie gezegd wordt dat zijn moeder de Schepper-Moeder-God Coatlicue is, die alle sterren van de Melkweg vormde.

Quetzalcoatl is goedaardig en hem wordt toegeschreven dat hij naar de onderwereld ging om de mensheid te scheppen, die zich nu in zijn 5e evolutiecyclus bevindt. Hij schiep mensen uit de beenderen van eerdere rassen en gebruikte hierbij zijn eigen bloed. Hij bracht beschaving naar de mensheid door de uitvinding van boeken en de kalender, leerde hen maïs te verbouwen en was soms een symbool van dood en wederopstanding.

Wat de verhalen in alle culturen gemeenschappelijk hebben is, dat draken wezens zijn met grote macht, die met alle vier de elementen kunnen werken. Een draak kan vliegen (lucht), zwemmen (water), in grotten leven (aarde) en vlammen spuwen (vuur).

Draken zijn, net als engelen en elementalen, echt bestaande wezens die in een hogere frequentie leven dan wij. Dat is de reden waarom maar weinigen van ons ze gezien hebben.

De Kosmische Draak is een multidimensionaal wezen en de spirituele leider van de draken, net zoals de Kosmische Christus de spirituele leider van de mensheid is. De Kosmische Draak, een wezen van grote wijsheid, komt dichter naar ons toe om toezicht te houden op en te assisteren bij de geboorte van de Aarde en om onze planeet te verwelkomen in de gemeenschap van bewuste planeten. Het symbool van dit proces wordt gevonden in de Chinese traditie en wordt afgebeeld als een draak die het kosmische ei omsluit.

Op dit moment broedt de Kosmische Draak de Aarde uit en de schaal die de Aarde omhult begint te barsten. De schaal beschermde de bewoners van andere planeten in onze en andere zonnestelsels tegen mensen ... en ons tegen hen. De Kosmische Draak heeft de verantwoordelijkheid die barrière op te heffen.

De Kosmische Draak werkt met de kundalini energie van de Aarde, de elektromagnetische leylijnen, ook wel drakenlijnen genoemd, om een verhoging van het bewustzijn van de Aarde te katalyseren. De Kosmische Draak brengt nieuwe kosmische energieën in ons zonne-stelsel. Hij verzamelt de stoffen uit de etherische wereld, die nodig zijn voor het nieuwe tijdperk dat we binnengaan. Dit goddelijke wezen activeert onze hogere chakra's zodat we een hogere staat in onze evo-lutie kunnen binnengaan. Hij werkt samen met het Karmisch Bestuur van de mens om precies in te schatten wanneer onze pijnappelklier geopend moet worden om ons slapend DNA te laten ontwaken. Op deze manier zal de mensheid voorbereid worden om toegang te krijgen tot de kosmische informatie die tot nu toe niet beschikbaar was.

Toen ik begon met het schrijven van dit boek, had ik geen idee dat 2024 het Jaar van de Houten Draak zou zijn in de Chinese astrologie. De timing leek veelbetekenend. Het was alsof de Kosmische Draken op de een of andere manier toezicht hielden op het boek. In de Chinese astrologie brengt de draak, in combinatie met het voedende houtelement, evolutie, vooruitgang en overvloed. Het is de perfecte tijd voor een vernieuwend begin en om de basis te leggen voor langdurend succes. Dit zijn allemaal kwaliteiten die hard nodig zijn in onze getroubleerde wereld en de boodschap, die de draken mensen willen laten begrijpen is, dat ze hier zijn om ons te helpen.

Proloog

Een droom van lang geleden en Babaji's boodschap

Ik word wakker in een grot. Nog suf van de diepe slaap onderzoek ik mijn omgeving en vraag me af hoe ik daar gekomen ben. Er zijn twee gigantische, dikke zuilen die het plafond torsen en als ik naar links kijk, zie ik een immens groot rotsblok. Verward probeer ik te begrijpen waar ik ben en loop langzaam naar een grote opening waarvan ik aanneem dat het de uitgang is. Als ik naar beneden kijk, zie ik dat ik vele honderden meters in de lucht ben.

Onmiddellijk spring ik achteruit en probeer mijn opkomende paniek onder controle te krijgen. Hoe is dit mogelijk? Wie heeft me hierheen gebracht? Wat is er gebeurd? Veel vragen en geen antwoorden. Ik ga dieper de grot in en kijk rond of ik een deur of een andere uitgang zie, die zou kunnen verklaren hoe ik hier terecht ben gekomen. Niets. Als ik me weer omdraai naar de opening, die mijn enige hoop op ontsnapping lijkt te zijn, en weer naar buiten kijk, zie ik tot mijn verbijstering verscheidene draken op ooghoogte voorbij vliegen. Rood, blauw, groen en met edelstenen.

Dit is geen geruststellend gezicht. Alleen. Grot. Draken. Ik draai me om en kijk nog eens naar het grote rotsblok dat ik zag toen ik wakker werd. Het heeft de vorm van een ei. Ik onderzoek de twee zuilen en ontdek dat wat ik eerst aanzag voor bakstenen, schubben zijn. En de basis van de zuilen poten met klauwen. Drakenpoten. Op dat moment valt alles op zijn plaats: ik ben in een drakengrot waar een draak aan het broeden is! En binnenkort zal er een babydraak - veel groter dan ik, gezien de grootte van het ei - uit dat rotsblok tevoorschijn komen. Mijn hart staat stil van angst. Ademloos word ik wakker.

Ik kan me elk detail herinneren van dat heel reële, bewuste visioen, ook al gebeurde het 30 jaar geleden. Soms blijven bewust ervaren dromen en visioenen in het verleden en soms hebben ze invloed op het heden. Dat is wat er met mij is gebeurd.

Een jaar geleden gebeurde er iets totaal onverwachts en levensveranderend. Ik was aan het mediteren en begroette elk van de meesters die verbonden zijn aan mijn meditatiebeoefening. Een van de meesters is Mahavatar Babaji, de onsterfelijke goeroe die in de Himalaya woont en al honderden jaren aan vele gevorderde studenten verschijnt. Meestal als ik hem zie, is hij ongeveer van mijn lengte, wat erg klein is voor een man, en hij tikt me dan op de bovenkant van mijn hoofd, maar hij heeft nog nooit tegen me gesproken.

Deze keer echter werd hij in milliseconden ongelooflijk groot en trok me met zich mee tot we in een astraal universum waren, waar ik de Aarde en twee andere bewoonde planeten kon zien. Hij zei tegen me: "Je hebt genoeg gedaan voor de elementalen." Toen, terwijl hij naar een van de andere planeten aan de rechterkant keek, vervolgde Mahavatar Babaji: "Heb je nagedacht over draken?"

Diep geschokt opende ik onmiddellijk mijn ogen en was ik terug in mijn fysieke lichaam... snakkend naar lucht. Ik realiseerde me wat een enorme eer het was dat Babaji tot me sprak en me een opdracht gaf. Tot nog toe had ik 30 jaar gewijd aan het schrijven van boeken over elementalen en hun wereld en ik stond niet te springen de verantwoordelijkheid op me te nemen om over een nieuwe en volledig andere bestaanssfeer te schrijven.

Toch kon ik niet ontkennen dat er tijdens mijn leven veel belangrijke interventies door draken hadden plaatsgevonden. Ook kon ik een verzoek van Babaji, die Paramahansa Yogananda had gevraagd om zijn vele boeken te schrijven, niet negeren. Babaji had me nooit eerder iets gevraagd en ik vertrouwde erop dat hij alleen iets zou vragen wat zowel goed zou zijn voor anderen als voor mijzelf. Toch kon ik niet meteen een beslissing nemen.

Een week later, terwijl ik mediteerde, trok Babaji me opnieuw energetisch naar het astrale universum waar hij zijn eerdere verzoek herhaalde. Deze keer voelde ik me niet zo overweldigd en maakte ik van de gelegenheid gebruik om rond te kijken. Zwevend op dit hoge niveau zag ik drie werelden: de Aarde, de Drakenplaneet en een andere planeet, waarvan ik intuïtief wist dat het de wereld van de Zeemeermensen was, waar zeemeerminnen en zeemeermannen wonen. Ik zag een glimp van een groter universum dat zich achter die drie werelden uitstrekte, maar ik wist dat het niet mijn taak was om daarover te schrijven.

Toen ik mijn aandacht weer op de drakenwereld richtte, voelde ik dat er iemand aan me trok die met me wilde communiceren. Een ogenblik later was ik in de aanwezigheid van een grote, prachtige draak en wist dat hij geduldig op me wachtte om samen aan het boek te beginnen waar Babaji om had gevraagd. De draak voelde vertrouwd aan, hoewel ik niet zeker wist of het de moederdraak was of het drakenjong in het ei dat ik tientallen jaren geleden even had gezien. De vraag bleef onbeantwoord toen ik mijn ogen weer opende.

Draken
en
De Aarde

De Ontmoeting met de Draak

Er was een jaar voorbij gegaan sinds Mahavatar Babaji's verzoek en, hoewel ik er af en toe aan dacht om te proberen met de draken in contact te komen, werd ik in beslag genomen door andere projecten en had ik geen gevoel van urgentie. Noch een verzoek van Babaji, noch een nooit vergeten voorspellende droom was genoeg om me tot actie aan te zetten. Dit stond op het punt te veranderen.

Ik was in Frankrijk om les te geven in de ashram van een Nederlandse bevriende goeroe. Ik ontmoette Prajnaparamita voor het eerst ongeveer acht jaar geleden in Nederland. Ze leidde daar *satsangs*, wat bijeenkomsten zijn van mensen die spirituele waarheid zoeken, in dialoog met of in de nabijheid van een verlichte meester. Ik had nog nooit een satsang van Prajnaparamita bijgewoond en was verrast toen ze een van haar volgelingen vertelde dat ze me graag wilde ontmoeten.

De dag brak aan en ik bereidde me voor om haar te ontmoeten door een *kata* mee te nemen, een witte sjaal die symbool staat voor zuiverheid en mededogen. In de Tibetaanse boeddhistische traditie zegent de goeroe de kata en geeft hem dan aan jou terug, zodat jij de zegen ontvangt. Ik stond te wachten met een vriend toen Prajnaparamita's auto aan kwam rijden. Toen ze aan de bestuurderskant uitstapte, was mijn eerste gedachte wat een moderne goeroe ze moest zijn, omdat ze zelf reed. Ze was helemaal in het wit gekleed en haar golvende blonde haar omlijstte een breed glimlachend gezicht. Als een leeuw op zijn best, straalde ze gezag en wilskracht uit, terwijl haar blauwe ogen tegelijkertijd schitterden van intelligentie en nieuwsgierigheid. Prajnaparamita was een volslanke vrouw met veel fysieke energie en ik werd hartelijk welkom geheten door de glimlach waarmee ze me begroette.

Langzaam liep ik naar voren en hield de kata in mijn open handen in de verwachting dat ze hem zou zegenen en dan om mijn hals zou doen. Ze nam het geschenk aan en, nog steeds glimlachend, legde ze de sjaal om haar eigen hals. Vervolgens bood ze mij een gebedssjaal aan, die een prachtig kristal bevatte, waarmee ze me zegende. Haar gedragingen waren ongewoon en onverwacht, omdat ze symboliseerden dat we elkaar ontmoetten als vrienden en kameraden die een spiritueel leven leiden en niet als goeroe en volgeling. In de jaren daarna ontmoetten Prajnaparamita en ik elkaar in Nederland wanneer we er allebei waren en nodigde ze me uit in haar ashram om les te geven over elementalen, hybriden en het lichaamsbewustzijn.

Je vraagt je misschien af waarom een verlichte goeroe iemand als mij zou uitnodigen om les te geven over wezens in de astrale wereld. Is het niet het doel van een goeroe om anderen te helpen zich bewust te worden van de Waarheid dat alle vorm denkbeeldig en een illusie is? En versterkt mijn onderricht over de astrale werelden niet het geloof erin en brengt het anderen daardoor niet in de verleiding om ervaringen in deze werelden te zoeken? Dat is de vraag die ik mezelf aanvankelijk stelde. Maar bij nadere beschouwing realiseerde ik me dat Prajnaparamita's werk en het mijne niet strijdig met elkaar waren.

Alle werelden, inclusief de fysieke, astrale en causale vormwerelden, zijn verschillende aspecten van Spirit, dus bewust reizen door deze werelden is een geschikte manier om Spirit te leren kennen. Mijn gave is om anderen te helpen bewust te worden in deze verschillende vormwerelden en Prajnaparamita's gave is om anderen te laten zien wie ze werkelijk zijn en hen te begeleiden als gids op het spirituele pad. Bovendien helpt Prajnaparamita's expertise niet alleen haar volgelingen vrij te worden in de fysieke wereld, maar moedigt hen ook aan deze volledig te omarmen door haar ashram te vullen met prachtige bomen en weelderige, gezonde tuinen.

Dit is de achtergrond van hoe ik acht jaar later bij haar ashram, La Roseraie de Sacha, in Frankrijk arriveerde om een aantal korte workshops te geven. De ashram is 24 hectare groot en de ochtend na mijn aankomst nam Prajnaparamita me mee op een rondleiding door de moestuinen, boomgaarden en krachtplekken op het landgoed.

Ik dacht dat we de rondleiding aan het afronden waren toen ze me aankeek en zei: "Een paar jaar geleden kwamen twee *pandits* van mijn spirituele afstamming in India naar La Roseraie de Sacha. Ze zegenden onze ashram met vele ceremonies en *havans*. De pandits werden vergezeld door een volgeling van mijn goeroe die helderziend is en tijdens een van de ceremonies zag hij dat een zwarte draak arriveerde in ons bos dat La Roseraie de Sacha opluistert. We laten dat gebied met rust, maar ik wil je er graag mee naar toe nemen om te zien wat je ontdekt."

Toen ik haar woorden hoorde, wist ik zeker dat de draak voor mij was gekomen. Terwijl we over het overwoekerde pad door het bos liepen, had ik tijd om na te denken over hoe zowel mijn droom van lang geleden als de opdracht van Babaji me naar het huidige moment hadden gebracht. Ik kon deze ontmoeting niet langer uitstellen. We kwamen aan bij een dicht bebost, niet bewerkt en verlaten deel van het bos.

Prajnaparamita draaide zich naar me toe en zei: "Ons is verteld dat de draak hier verblijft. Ik heb de anderen gevraagd niet naar deze plek te komen, maar ik zou graag alles horen wat jij te weten komt."

Ik voelde de draak in de schaduw op me wachten en wist dat hij alleen met mij wilde spreken. Ik wendde me tot Prajnaparamita en zei: "Het is geen toeval dat de draak en ik hier allebei zijn. Bij twee onvergetelijke ervaringen werd ik door Mahavatar Babaji meegenomen naar een hoge astrale frequentie, waar hij naar een vreemde planeet wees en zei: 'Je hebt genoeg over elementalen geschreven. Hoe zit het met draken?' Deze maand precies een jaar geleden wist ik al dat ik zijn verzoek zou moeten inwilligen, maar ik wilde mijn andere projecten afmaken. Ik denk dat de tijd van uitstellen voorbij is en dat ik nu moet handelen."

We verwijderden ons van de plek waar de draak zich ophield, draaiden ons om en verlieten het bos. Ik moest voorbereidingen treffen om met de draak te spreken. Ik wist intuïtief dat onze gesprekken zouden plaatsvinden tijdens mijn hele verblijf daar. Ik voelde niet langer terughoudendheid om te beginnen en een zekere opwinding maakte zich van me meester omdat ik iets nieuws ging leren. En de timing was perfect, want ik gaf 's middags les en had de ochtenden vrij om bij de draak te zijn.

De eerste middag brak aan en de deelnemers zaten in een kring in de boomgaard. Ik voegde me bij hen en ging in een lege stoel zitten, die duidelijk voor mij bedoeld was, want Prajnaparamita zat in de stoel links van mij. Ik zou les gaan geven over elementalen, omdat veel deelnemers daar een speciale belangstelling voor hadden. Ik begon en besprak de verschillende soorten elementalen die met de deelnemers zouden willen werken, toen John, een van de deelnemers, plotseling vroeg: "Dit is een drakenplek. Wat betekent dat voor ons?" John maakte al meer dan tien jaar deel uit van de ashram en wist wat de volgeling had gezegd over de draak en waar hij zijn hol had. Prajnaparamita had me echter eerder verteld dat ze niet wilde dat ik het onderwerp draken op het landgoed zou bespreken, dus ik wist niet zeker hoe ik moest reageren.

Toen ik een blik wierp op Prajnaparamita, begreep ik meteen haar 'nu niet bespreken'-blik. Ik draaide me terug naar John en zei: "Dit is niet het moment om dat te bespreken, want draken zijn geen elementalen. Laten we ons weer richten op de elementalen."

Ik keerde terug naar het onderwerp van de dag en leidde een visualisatie waarbij de deelnemers kennismaakten met de elementalen, dus alles verliep verder prettig. Desondanks voelde ik me ongemakkelijk omdat ik John geen duidelijk antwoord had gegeven. Toen drong een oplossing tot me door en toen de sessie was afgelopen, sprak ik met Prajnaparamita.

"Ik heb hulp nodig bij het dragen van een stoel en andere dingen naar het bos om met de draak te praten," zei ik. "Ik vroeg me af of ik John kon vragen om te helpen?"

"Ja, dat is prima," antwoordde ze. "Ik wil alleen niet dat het onderwerp draken op dit moment in de groep besproken wordt."

John is een gereserveerde, rustige man van gemiddelde lengte, gewicht en leeftijd. Hij geeft je het gevoel dat hij altijd graag helpt waar dat nodig is, maar ook dat hij het prima vindt om op de achtergrond te blijven. Later benaderde ik John met de vraag: "Kunnen we morgen om 9 uur afspreken?"

Hij keek verbaasd dus ging ik verder: "Ik heb je hulp nodig om een stoel en wat kussens naar het deel van het bos te dragen waar de draak verblijft."

John, een man van weinig woorden, knikte en ik wist dat hij er de volgende ochtend zou zijn met wat ik nodig had.

Ik werd vroeg wakker met het geluid van vogels die uit volle borst zongen. Een heerlijk briesje waaide het slaapkamerraam binnen. Liggend in bed, overpeinsde ik de dag met gemengde gevoelens. Aan de ene kant was ik opgewonden om meer te leren over draken en wat ze wilden delen. Aan de andere kant maakte ik me zorgen dat ik misschien niet bekwaam genoeg zou zijn omdat ik nog nooit met draken had gesproken. Oude gevoelens van faalangst kwamen naar boven naast een even sterk verlangen en een diep vertrouwen in mijn visioen met Babaji. Immers, als hij wist dat ik het kon, hoe kon ik dan aan mezelf twijfelen? Ik voelde me gesterkt door mijn vertrouwen in hem en in de omstandigheden die me 30 jaar later gebracht hadden naar deze plek waar ik de draak weer zou ontmoeten. Maar welke draak zou ik ontmoeten? Zou het de moeder zijn die me had uitgebroed of degene in het ei die mijn nestgenoot was?

Ik ontbeet haastig en legde mijn mobiele telefoon klaar om elk gesprek met de draak op te kunnen nemen en een notitieboekje om een start te kunnen maken met schrijven. Precies om 9 uur 's ochtends kondigde een klop op de deur de komst van John aan en we vertrokken in stilte. Godzijdank wilde hij niet praten, dacht ik bij mezelf, zodat ik kalm en geconcentreerd kon blijven voor de komende ontmoeting. Hoewel ik mijn hele leven al een mysticus ben geweest en veel astrale werelden heb gezien, had ik een diep besef dat ik veel hogere frequenties zou moeten betreden om alles te begrijpen wat de draak zou zeggen. Met andere woorden, het zou een spirituele uitdaging zijn.

In beslag genomen door mijn gedachten, was ik verbaasd hoe snel we de zonnige weiden achter ons hadden gelaten en het donkere bos ingingen, waar stilte heerste. John stopte plotseling en wachtte om te zien hoe ik verder wilde gaan. Ik gebaarde hem vooruit te lopen, zodat ik in een stille, meditatieve staat kon blijven. We volgden hetzelfde pad dat Prajnaparamita de vorige dag had genomen en kwamen al snel aan bij het hol van de draak.

"Waar zal ik de stoel neerzetten?" vroeg John zachtjes, want dit was een plek voor zachte stemmen.

"Hier en draai hem in de richting van die bomen," antwoordde ik, terwijl ik wees naar de plek, waarvan ik wist dat de draak daar verbleef.

John zette voorzichtig de stoel op een vlakke ondergrond en wendde hem in de richting waar de draak was. Hij kon niets zien, maar ik weet zeker dat hij zijn aanwezigheid voelde. Nadat hij gedaan had wat ik hem gevraagd had, liep hij voorzichtig het pad terug totdat ik hem niet meer kon horen. Ik was alleen. Ik ging schoorvoetend zitten, legde mijn notitieboekje op de grond en sloot mijn fysieke ogen om mijn derde oog te openen, het oog dat ik gebruik om in hogere sferen te zien.

Meteen zag ik een grote indigo draak met gouden ogen en een vurige, intelligente blik die naar me terugstaarde. Een wild schepsel, ongetemd, gigantisch en niet iets waarmee ik me gemakkelijk kon identificeren. En toch, op de een of andere manier, voelde ik dat ik veilig zou zijn. De draak lag in een ontspannen houding met zijn enorme staart om zijn lichaam gekruld. Zijn elegante hoofd, een breed voorhoofd met een smalle neus, was zo groot als mijn hele lichaam en zijn neusgaten stonden wijd open. Zijn bek leek op die van een vleesetende dinosaurus, compleet met scherpe tanden. Hij had een ruwe, vederachtige huidflap die onder zijn kin begon en doorliep langs zijn hals naar beneden. En boven zijn grote ogen zaten plukjes die op wenkbrauwen leken. Zijn oren waren elfachtig in de zin dat ze lang en puntig waren met een flap die dicht kon als hij onder water was, sliep of onaangename geluiden hoorde. Zijn lange, flexibele nek was enorm gespierd om zijn grote hoofd te dragen. Zijn lichaam was goed gevormd, niet dik en niet mager, en hij leek vele tonnen te wegen.

De draak liet mijn onderzoek geduldig toe en toen ik hem telepathisch vroeg om te gaan staan zodat ik de lengte van zijn lichaam kon bepalen, gaf hij hier elegant gevolg aan. Zijn lichaam zonder staart was met gemak meer dan 4,5 meter lang en zijn vier sterke, geschubde poten waren als massieve boomstammen. Zijn voeten waren niet verfijnd maar gespierd en in staat om een zwaar gewicht te dragen, terwijl elk van zijn vijf klauwen zo lang was als mijn onderarm. Het lichaam van de draak was blauwzwart, zwarter aan de bovenkant, met glinsterend indigoblauw op zijn buik. Deze kleur zette zich voort langs zijn poten, maar strekte zich niet uit tot zijn vleeskleurige klauwen.

Aan weerszijden van het lichaam van de draak zaten twee gigantische vleugels. Ze leken op een uitklapbare waaier met een scharnierend dubbel gewricht, zodat ze gemakkelijk tegen het lichaam van de draak konden worden samengedrukt als hij lag of stilstond. Ik kon het belang van die eigenschap zien, om te kunnen manoeuvreren tussen de dichte bomen waar de draak verkoos te rusten. Terwijl ik zijn vleugels bestudeerde, zond de draak me telepathisch een beeld dat ze volledig uitgeklapt waren. Elke vleugel was twee keer zo groot als zijn lichaam. Als ze open waren, hadden ze een diepe indigokleur, gevlekt met rood en andere donkere juweeltinten, die glansden als edelstenen. Zijn lange, geschubde staart was even lang als zijn lichaam. De staart was gevorkt aan het uiteinde en had de vorm van een plat roer met een verticaal gedeelte waarmee de draak door de lucht kon sturen.

Nadat ik zijn lichaam tot in detail had bestudeerd, richtte ik mijn aandacht weer op zijn intens gouden ogen - als die van een slang met een zwart midden. Terwijl ik dit deed, wist de draak dat mijn onderzoek klaar was. Vervolgens ging hij rustig liggen om ervoor te zorgen dat hij zo min mogelijk intimiderend zou overkomen. Hij wachtte tot ik in een kalme, innerlijke staat was voordat hij me aansprak.

"Ik heb gewacht tot je naar mijn wereld zou komen om met me te praten," begon de draak kort en bondig. "Je hebt het uitgesteld; daarom ben ik gekomen om met je te spreken. Er is een gat door ruimte en tijd, dat me in staat stelt hierheen te komen vanuit Draconis, waar ik woon." Zijn stem was laag en diep en hij sprak zachtjes, zodat ik niet overweldigd zou raken. Ik had niet het gevoel dat hij me uitfoeterde... hij gaf alleen uitdrukking aan een feit. Hierdoor kon ik ontvankelijk en kalm blijven terwijl ik wachtte tot de draak verder zou gaan.

"We hebben elkaar nooit ontmoet. Ik was het schepsel in het ei
wat onze moeder aan het uitbroeden was. We komen uit hetzelfde
nest. Jij bent mijn nestzus, ook al ben je zo'n ander wezen dan ik.
Onze moeder ontving de herinneringen van alle draken en onze
vader gebruikte deze herinneringen om mij te creëren. Op deze
manier zou informatie over draken en onze wereld in mij ontwaken
bij mijn geboorte. Wij draken kunnen dit. Wij kunnen beslissen welke
herinneringen van onze voorouders we bewaren en doorgeven aan
onze nakomelingen. Wij kunnen ons onze voorouders herinneren,
zelfs onze eerste voorouder. En we kunnen de stamboom uit ons
hoofd opzeggen. Wanneer een nieuw schepsel geboren gaat worden,
versterken we de herinneringen die het meest belangrijk zijn voor het
schepsel om zijn bestemming te kunnen vervullen. Onze moeder werd
om deze reden gekozen. Omdat ze een *Wisdom Keeper* van de Indigo
afstammingslijn is, kon ze deze herinneringen sterker en langer vasthouden dan andere draken. Sommige afstammingslijnen zijn nieuwer,
maar de onze is oeroud."

Terwijl de draak sprak, werd duidelijk dat het een "hij" was en
dat hij mijn belangrijkste contactpersoon zou worden. Ik was om
een paar redenen teleurgesteld. Ik had liever gesproken met wat hij
onze *broedmoeder* noemde, die volgens hem wijs was. Hij was nog
jong, dus hoeveel kon hij eigenlijk weten? En om eerlijk te zijn was ik
overdonderd door zijn grootte en ik dacht dat een vrouwelijke draak
misschien wat kleiner zou zijn.

"Je bent teleurgesteld dat je onze moeder niet te spreken hebt
gekregen," zei hij. "Dat was niet mogelijk, want ik ben de woordvoerder van de draken richting mensen. Dit is de rol waar ik me vele levens
op heb voorbereid. Je zult met onze moeder en leden van andere

afstammingslijnen kunnen spreken, zodra jij en ik elkaar beter hebben leren kennen."

Hij kende mijn gedachten zo goed dat ik me realiseerde dat ik niets voor hem verborgen kon houden. Helaas kon ik niet alles horen wat hij dacht.

"Maar je kunt horen wat ik denk," zei hij, opnieuw commentaar gevend op mijn onuitgesproken gedachten. "Laat het me uitleggen. Gedachten bestaan uit lagen. Het is gemakkelijk om actuele en sterke gedachten te horen omdat ze aan de oppervlakte van je geest liggen. Daarom kon ik horen wat je in mijn aanwezigheid dacht. Het is moeilijker om oudere, diepgewortelde of zelfs vergeten gedachten te horen. Ik kan dat ook, maar het kost meer moeite. Onze oude draken kunnen al je gedachten, ongeacht of je ze nog weet of niet, zonder enige moeite horen."

"Ik kan horen wat je zegt, ook al gebruik je geen woorden," zei ik. "Ik zie beelden en hoor gedachten. Is dit hoe jullie draken het doen?"

"Je hoort wat ik wil dat je hoort, omdat ik mijn gedachten op jou projecteer," antwoordde hij. "Je zou niet kunnen horen wat ik niet projecteer. Zoals alle draken kan ik horen wat er in jou verborgen of sluimerend is. Maar ik moet zeggen dat gedachten en gevoelens van mensen een warboel zijn, terwijl die van draken duidelijk en precies zijn."

"En zou dat kunnen komen omdat we van een verschillend ras zijn?" vroeg ik, proberend niet beledigd te zijn.

"Gedeeltelijk," gaf hij toe. "Draken verblijven in hogere frequenties en hebben in onze lange geschiedenis geleerd om onze emoties en gedachten tot rust te brengen. Mensen zullen dit ook leren." Ik dacht na over wat hij zei toen hij aankondigde: "Dat is genoeg voor vandaag. Je focus is niet zo goed als het zou kunnen zijn en we moeten langzaam te werk gaan om je naar de hogere frequentie te brengen waar draken leven. Kom morgenvroeg terug."

Met die laatste woorden werd ik weggestuurd. Ik liet mijn stoel staan, die John later zou ophalen, en trok me terug. Terwijl ik door het bos en de weiden terugliep naar mijn comfortabele kamer, overwoog ik wat de draak had gezegd. Hij was een mannelijke draak en, volgens hem, mijn nestbroer, maar wat bedoelde hij precies met die term? Wat interessant dat hij naar zijn moeder verwees als 'onze' moeder. Ik ben een mens, geen draak, dus ik verbaasde me over zijn woordkeuze. Toch was het waar dat ik mezelf in mijn meditaties in hun grot had gezien.

Ik was nieuwsgierig om meer van hem te horen en stond te popelen om mijn bestemming in die wereld te ontdekken. Als hij degene was die uitverkoren was om met mij, de mens, te communiceren, was ik dan degene die uitverkoren was om met hem, de draak, te communiceren en zo ja, hoe ging het dan verder?

De antwoorden op deze vragen zouden moeten wachten. Hoewel de draak een monoloog had gehouden tijdens onze eerste ontmoeting, voelde ik intuïtief aan dat we snel verder zouden gaan met een dialoog, aangezien onze eerste ontmoeting meer een kennismaking was. Ik denk dat dat de manier is waarop draken het doen. Ik had nog veel te leren.

De Draak en het Heilige Vuur

Die avond hadden we een vuurceremonie in het achthoekige gebouwtje dat gemaakt was van strobalen en modder. Het stond aan de rand van het bos, niet ver van waar de draak was. Tijdens een *havan*, zoals het in India heet, worden alle aanwezigen gezegend en de gebeden en mantra's spiralen naar buiten en zegenen de wereld en de geestenwerelden. Deze havan was een krachtige gebeurtenis die werd geleid door drie volgelingen, onder wie John. Alle drie waren ze opgeleid door pandits uit Prajnaparamita's afstammingslijn en ze hielden al 20 jaar ceremonies. De drie volgelingen offerden wierook, ghee, graan en andere dingen aan het vuur en leidden ons in het *chanten* en eren van grootse wezens en de elementalen op het land. Ik bad om een zegen voor de draak. Tijdens de ceremonie koos elk van de drie volgelingen een derde van onze groep om te zegenen door de heilige as van het vuur op ons derde oog te doen. John kwam om mij te zegenen. Terwijl hij de as op mijn voorhoofd deed, onderbrak de stem van de draak mijn meditatie: "Breng de as morgenochtend bij me."

Zijn stem hield het midden tussen een verzoek en een eis. Ik was niet beledigd omdat ik besefte dat hij me behandelde zoals hij met een van de zijnen zou communiceren. Toen Prajnaparamita en ik na de ceremonie het gebouw verlieten, wendde ik me tot John en zei: "Laat alsjeblieft de stoel en de as in de havan staan, dan zullen we die samen morgen naar het bos dragen."

John, nooit een man van veel woorden, knikte instemmend.

De volgende ochtend werd er om 9 uur precies zacht op mijn deur geklopt. Samen droegen we de as en de stoel het bos in en aangekomen bij het hol van de draak vroeg John: "Waar wilt u dat ik de as neerzet?"

Ik draaide me om om te vragen wat de draak wilde. Hij kwam overeind, boog zijn hoofd voorover en gaf aan dat de as recht voor hem op de grond geplaatst moest worden. Ik vroeg John om dit te doen.

Voorzichtig naar voren komend en eerbiedig buigend, plaatste hij de as precies op de gewenste plek. Toen hij dit had gedaan, ging hij achteruit, nog steeds buigend, totdat hij weer naast me stond.

Ik bedankte John en wachtte tot hij het bos verlaten had. Ik probeerde niet geheimzinnig te doen, maar ik wist dat zowel de draak als Prajnaparamita alleen mij daar wilden hebben.

Toen de draak ervan overtuigd was dat we alleen waren, begon hij de as met veel smaak op te eten, vergezeld van vele zuchten van genot. Toen hij klaar was, ging hij liggen zodat ik, vergeleken met hem, niet al te klein zou lijken en terwijl hij me aankeek, begon hij zijn verhaal.

"Het opeten van deze as, gezegend door een helend vuur, roept de herinneringen op aan de voorouders van mijn afstammingslijn en die van alle drakengeslachten. Dit zal me helpen om hun geschiedenis te vertellen, hun afkomst en hoe ze met de Aarde samenwerken. Gisteravond wierpen jullie je gebeden in het vuur en verbrandden ze met olie. Jullie zongen om menselijke meesters uit te nodigen om het vuur te komen inzegenen. Jullie vroegen om een zegening voor de elementalen, het land en één voor mij. Ik ben dankbaar voor je eerbetoon."

"Hoe weet je wat er allemaal gebeurd is?" vroeg ik vol ontzag.

"Alles wat er is gebeurd staat in de as die ik op heb gegeten en in jouw gedachten," antwoordde hij. "Wij zijn geen elementalen die met jullie willen spelen en plezier maken, en we zijn ook niet spontaan zoals zij. Wij zijn Wisdom Keepers. Wij denken diep na. Wij reizen in de diepten van de ruimte tussen werelden en sommigen van ons reizen zelfs tussen sterrenstelsels over het raster van licht dat we drakenlijnen noemen. We doen dit door intense concentratie."

Er spookten veel vragen door mijn hoofd terwijl hij sprak. De draak, die dit merkte, stopte en gaf me een 'hou je mond' blik die, zoals je je kunt voorstellen, genoeg was om me weer in de luisterstand te zetten.

"Draken komen al eeuwen naar jullie planeet," ging hij verder, "vanaf het eerste moment dat het idee vorm kreeg. We zijn hier om de geboorte van de Aarde te katalyseren... om met onze wijsheid en vuurenergie het proces een helpende hand te bieden. Met ons heilige vuur, dat we uitademen vanuit ons wezen, vonkten we bewustzijn in vorm en deden dit ontbranden in het etherische geheugen van de Aarde. We wisten dat dit mettertijd zou groeien en evolueren om alle levensvormen te creëren die jullie hebben gehad, die jullie nu hebben en die jullie in de toekomst zullen hebben. Dit is onze missie, niet alleen ten aanzien van jullie planeet, maar met betrekking tot vele evoluerende rassen in het universum.

We hebben deze missie gekregen van degene die jullie God noemen, de Schepper. Wij noemen de Schepper de Bron van Alles. De Bron van Alles is de bron van ons vuur en, in tegenstelling tot het externe vuur dat jullie gisteravond tijdens de ceremonie creëerden, creëren wij een heilig vuur in onszelf. Zelfs een klein, pasgeboren drakenjong kan een vonk creëren. Het is geboren met al het ruwe materiaal al in zich om dit te doen. Wij komen voort uit de Bron van Alles en belichamen het vermogen om de vier elementen van aarde, lucht, vuur en water en zelfs nog van meer elementen zowel in balans als in vorm te houden. Als ik vorm zeg," ging hij verder, "bedoel ik niet alleen de fysieke, driedimensionale werkelijkheid waarin jullie je bewust zijn van vorm. Wij werken in 12 dimensies en sommigen van de heel, heel groten - de meesters onder ons, de tijdlozen - reizen van melkweg naar melkweg. Er zijn 12 dimensies in deze melkweg en er zijn zelfs nog hogere dimensies."

Hoewel ik geïntrigeerd was door wat hij zei, werd ik overweldigd door de snelheid waarmee hij sprak en bleef ik het gevoel houden dat ik achterliep. Hij had het meteen door en zei: "Ik hoor je nadenken over mijn woorden en ik merk dat het nog niet lukt volledig te begrijpen wat mijn woorden betekenen. Ik zal mijn essentie in je ademen en je zegenen, zodat je met mij kan reizen in begrip."

De draak wachtte niet op mijn toestemming en gaf me geen tijd om bang te zijn voor wat het ademen van zijn essentie in mij zou kunnen betekenen. In plaats daarvan haalde hij diep adem en ademde over me uit. Zijn adem ruiste door mijn haar en over mijn gezicht en veroorzaakte een briesje door de nabijgelegen bomen. Godzijdank was er geen echt vuur, dacht ik. In plaats daarvan voelde het alsof hij een zegen uitblies, die vergelijkbaar was met wat ik eerder van de Heilige Geest heb gevoeld.

"Je adem voelt aan als die van de Heilige Geest, dezelfde Heilige Geest die uitgestort werd over de hoofden van de discipelen van Jezus op Pinksteren," zei ik tegen de draak, waarmee ik mijn opgelegde stilte verbrak. "Ik vind dit interessant omdat we nog maar een paar dagen van Pinksteren verwijderd zijn en ik veel ervaringen heb gehad met door vuur gezegend worden op die dag."

De draak wachtte geduldig tot ik uitgesproken was en ik was opgelucht dat hij niet beledigd leek dat ik gesproken had. Volgens de legendes zijn draken trots, dus misschien vond hij het niet erg, omdat ik hem een compliment gaf voor zijn vuurzegen. Hij keek me met een geamuseerde glimlach aan en antwoordde.

"In vroegere tijden ademden we op mensen en andere wezens om hun ontwaken, hun evolutie, hun ontwikkeling, hun wijsheid te katalyseren. Toen de evolutie van de mensheid vorderde, werden mensen bang voor ons vuur en wilden ze niet langer onze zegen. Ze wilden hun eigen weg gaan. Mensen begonnen te denken dat we een gevaar waren, een bedreiging en dat we slecht waren. Daarom creëerden jullie verhalen over het willen doden van draken. Zo zijn we duizenden jaren lang geen broeders en zusters geweest op het pad van terugkeer naar de Bron van Alles. Als ik zeg terugkeren naar de Bron van Alles, dan bedoel ik dat niet op de beperkte manier van jullie, namelijk dat je om verlicht te worden je identiteit moet opofferen en in goddelijkheid moet opgaan. Nee, nee, nee! Het is niet hetzelfde voor ons.

Jullie wensen dit omdat jullie zo ver het spoor bijster zijn geraakt in jullie evolutie dat jullie een diep verlangen hebben om terug te keren naar wat jullie Eden noemen, naar de onschuld van zijn in de Bron van Alles. Mensen hebben een diepe afkeer van zichzelf, hoewel niemand van jullie zich hiervan bewust is."

"Waarom haten we onszelf?" vroeg ik, voordat hij meer kon zeggen. Ik was vastbesloten dat onze communicatie een dialoog zou zijn, geen monoloog.

Hij glimlachte toegeeflijk, als je tenminste het ontbloten van zijn tanden een glimlach kon noemen. Zijn glimlach was de tolerante houding van een wijs, ouder wezen dat al lang wist wat ik dacht en voelde, voordat ik het zelf wist.

"Waarom haten we onszelf?" herhaalde ik, koppig vasthoudend aan mijn wens om een dialoog te hebben. "Kun je me vertellen waarom?"

Zijn glimlach werd breder en hij straalde verdraagzaamheid en geduld uit. "Jullie mensen voelen je schuldig voor wat jullie op deze prachtige planeet hebben aangericht," antwoordde hij op mijn vraag. "Daarom hebben jullie het verlangen om alles wat jullie geworden zijn op te geven om terug te keren naar het hart van de Bron, waar jullie willen blijven. Hmmm...hmmm... En sommigen van jullie, jullie noemen ze *bodhisattvas*, willen opnieuw bewust reïncarneren om al die mensen te helpen die nog worstelen op het pad en om de schuld terug te betalen die jullie je verschuldigd voelen."

Ik dacht na over wat hij zei en wilde de waarheid in zijn woorden erkennen toen hij me een andere richting opstuurde.

"Ik weet dat je begrijpt wat ik zeg, Tanis. Je naam Tanis is interessant. Hoor je de 's' van de slang? De 's' in Tanis geeft aan dat je slangenenergie bezit."

"Welke 's' van welke slang?" vroeg ik, onzeker of dit voor mensen wel zo wenselijk was.

"Slangen en draken zijn verwant. Wij zijn hun voorouders. Misschien herinner je je dat draken in jullie mythes slangen werden genoemd," antwoordde hij met een 'zie je wel hoe slim ik ben' grijns die erop gericht was indruk op me te maken met zijn mensenkennis.

"Voordat we verder gaan, heb ik een vraag die niet kan wachten," onderbrak ik. "Je schijnt mijn naam te weten, maar ik weet die van jou niet. Ik kan je niet 'de draak' blijven noemen. Hoe heet je?"

"Je zou hem niet kunnen uitspreken," antwoordde hij, terwijl hij zijn enorme schouders ophaalde en uitademde met een houding van 'wat een gedoe dat ik met dit mens moet communiceren'.

"Probeer," hield ik vol.

"Daar gaan we. Het is Jaakelousekindvron," antwoordde hij, het aan mij overlatend om de spelling uit te zoeken, gezien het feit dat er veel gehijg en geknor tussen de letters stond.

"Bedankt," zei ik blij. "Ik heb een idee om het deze domkop van een mens makkelijker te maken om je bij je naam te noemen. Mensen - zoals jij als slimme draak vast wel weet - hebben vaak bijnamen. Zal ik je Jake noemen?" Met samengeknepen ogen staarde hij me zo indringend aan dat ik me afvroeg of ik niet een vreselijke blunder had begaan en hem zwaar had beledigd.

Toen hij merkte welk effect dat op me had, schoot hij in de lach: "Hahaha...dat is perfect. Ik vind het leuk. Ja, ik accepteer Jake als mijn menselijke bijnaam...maar wat betekent het? Drakennamen vangen altijd de essentie van de draak en ik wil er zeker van zijn dat de naam Jake bij me past."

"In onze Oud-Engelse mythes werd de naam 'Drake' gebruikt voor een jonge mannelijke draak die net het nest had verlaten."

"Ga door..." zei hij, zijn oordeel geduldig uitstellend.

"Drake past bij wat je bent als draak; toch is het te onpersoonlijk als onze relatie zich verder gaat ontwikkelen. Per slot van rekening, als je mijn drakenbroer bent, wat ik overigens nog niet helemaal begrijp, zou ik je graag bij je naam willen noemen."

Ik liet mijn vraag in de lucht hangen en hoopte dat hij me meer zou vertellen over onze relatie, maar hij ging er niet op in en zei in plaats daarvan: "Vertel me meer over mijn naam." "Mensen hebben, net als draken, de juiste naam nodig en Jake kwam bij me op. Het betekent menslievend en je werkt met een mens. Verder betekent het genereus, eerlijk, briljant, inventief, geïnspireerd. Denk je dat deze naam jou beschrijft?" antwoordde ik. "Absoluut," zei hij met een glimlach.

Ik realiseerde me dat hij genoot van het uitproberen van iets typisch menselijks, maar ik had een andere dringende vraag. "Een minuut geleden, Jake," zei ik terwijl ik zijn bijnaam uitprobeerde, "had je het over ons menselijk verlangen om terug te keren naar Eden. In onze bijbelverhalen, mythes zou je ze kunnen noemen, wordt gesteld dat de slang ons verleidde Eden te verlaten door ons te vertellen dat we van de Boom der Kennis moesten eten. Was de slang een draak?"

"Absoluut," zei Jake. "Maar we zien onszelf niet op de negatieve manier waarop we in jullie mythes worden afgeschilderd. We werkten in Eden, een wereld met een hogere trilling, om jullie kundalini energie te katalyseren en jullie naar wijsheid te brengen. Dit werd gedaan in overeenstemming met de gave van ons draken namens de Bron van Alles, die jullie God noemen. "Jij beschikt over deze energie," herhaalde hij, ons gesprek terugsturend naar wat hij wilde zeggen. "De kundalini energie, deze drakenenergie, zit in de afstammingslijn van je moeder. Ja, ja, ja! Ook in die van je vader. Daarom hebben we jou uitgekozen om deze boodschap in jouw wereld te gronden. Je zult dit doen door een boek te schrijven. We weten dat je dit al meer dan 20 jaar doet door mensen mee te nemen naar heilige plaatsen, die zich op de drakenlijnen van de Aarde bevinden. Jullie zegenden deze plaatsen en openden hun energie om de Aarde te helen. Deze drakenlijnen zijn het equivalent van de kundalini energie in je lichaam." "Ik heb altijd het gevoel gehad dat ze verwant waren," merkte ik op. "Daarom werden we ook geheeld als we mediteerden of rituelen deden op heilige plaatsen langs deze drakenlijnen. Zijn deze krachtplaatsen, zoals Newgrange in Ierland en de Piramide van Gizeh in Egypte, het equivalent van chakra's in het menselijk lichaam?"

"Correct. En het werken met deze energieën heeft je spirituele energie gekatalyseerd," bevestigde Jake. "Er zijn echter grenzen aan wat je ervan begrijpt en ik zal je helpen om het drakenbewustzijn beter te begrijpen. Draken zijn meesters van de vier elementen aarde, lucht, vuur en water, maar er zijn elementen in hogere frequenties die mensen nog moeten ontdekken. Wij werken ook met deze elementen. Het collectieve bewustzijn van draken, waarvan ik slechts een woordvoerder ben, een boodschapper, probeert deze hogere elementen te transmuteren. In jullie termen zijn we alchemisten die jullie equivalent van lood in goud omzetten, of steenkool in diamant."

"Ik probeer je te volgen," bekende ik. "Kun je een voorbeeld geven waartoe ik me kan verhouden?"

"Oké!" antwoordde hij. "Er bevinden zich kristallen in jullie pijnappelklier en deze kristallen groeien vooral in wijsheid naarmate jullie mensen evolueren in bewustzijn. Draken verschillen in die zin dat kristallen in ons hele drakenbrein zit. We gebruiken het woord hersenen niet zoals jullie, omdat we geen vaste stof zijn zoals jullie vaste stof opvatten."

"Oké, tot zover kan ik je volgen. Kun je meer zeggen over deze kristallen in je brein?"

"Natuurlijk," antwoordde Jake. Zijn ogen stonden levendig terwijl hij sprak en ik merkte hoe blij hij was om zijn geavanceerde wijsheid te delen. "Elke cel in ons drakenlichaam heeft deze kristallen. Als ik kristallen zeg, denk dan niet aan fysieke bergkristallen. We bedoelen de essentie waarvan de kristallen zijn gemaakt in hogere frequenties. Deze kristallen bevinden zich in ons hele lichaam. Ze bevinden zich ook in het menselijk lichaam, maar ze zijn inactief op dit moment. Deze kristallen beginnen te ontwaken in de mens en dit proces zal doorgaan gedurende de komende 2000 jaar van wat jullie het 'Aquariustijdperk' noemen. Draken helpen om deze slapende kristallen in de mensheid te katalyseren. Daarmee ondersteunen we jullie in het evolueren naar hogere frequenties."

"Is er iets in mijn ervaring dat me zou kunnen helpen te begrijpen wat je bedoelt met 'mensen die deze kristallen in hun lichaam hebben in hogere frequenties'?" vroeg ik hoopvol.

"Inderdaad," antwoordde hij, terwijl hij me een doordringende blik toewierp. "In lucide dromen en diepe meditatie, wanneer je hoog geëvolueerde spirituele vrienden en meesters in de astrale wereld ziet, merk je dat hun ogen er vaak uitzien als wervelende kristallen lichtjes. Zij zijn wat alle mensen zullen worden, dit kristallen leven."

"Je hebt gelijk. Ik zie deze wezens vaak in de astrale wereld met kristallen ogen, maar hoe wist je dat?"

"Als ik me concentreer, kan ik precies zien wat jij ziet - niet alleen fysiek, maar ook in de hogere frequenties," antwoordde hij. "Leid me echter niet af. Ik wil uitleg geven over draken. Draken slaan herinneringen op in hun hele lichaam met behulp van levende kristallen, hoewel de focus meer op het hoofdgebied ligt. Waarom? Omdat wij, net als mensen, in onze evolutie meer ontwikkeld zijn in het hoofdgebied.

Maar hoe langer we geëvolueerd zijn en hoe ouder we zijn, hoe meer deze kristallen verspreid zijn over ons hele lichaam. "En naarmate we ouder worden," ging hij verder, "worden we groter. Sommige van de grote, grote, grote oude wezens zijn, in jullie termen, immens - groter dan een oceaanstomer."

Jake begon te grinniken om een binnenpretje, dus, in de hoop zijn plezier te delen, vroeg ik: "Wat is er zo grappig?"

"Het amuseert me om onze grootte te vergelijken met een oceaanstomer en mijn associatie deugt, omdat zij tussen de sterren reizen. Dus op die manier zijn oude draken als een oceaanstomer met bewustzijn."

Hij moet gehoord hebben dat ik me afvroeg of ik het geluk zou hebben een van deze ouden te ontmoeten, want hij onderbrak mijn mijmering.

"Je hebt gevraagd waarom zo'n jong iemand als ik degene zou zijn die met jou zou praten. Hmmm...hmmm... voornamelijk vanwege twee dingen. Ik zou wel tien dingen kunnen zeggen, maar om je niet te overstelpen met informatie noem ik er twee. Ten eerste, onze moeder komt uit de Wisdom Keepers afstammingslijn. Ze kreeg de herinneringen van alle drakengeslachten, dus ik zou geboren worden met al hun herinneringen. Draken geven er de voorkeur aan om alleen de herinneringen van hun eigen afstammingslijn te hebben en het zou een last voor mij zijn te beschikken over de herinneringen van de alle afstammingslijnen. Ten tweede is onze verwekker een zeer oude draak en hij heeft deze herinneringen gekatalyseerd. De ouden, die tussen de sterren reizen, bevatten de herinneringen van alle afstammingslijnen. Ik heb hier echter maar een beetje van gekregen. In jullie termen zou je het een homeopathische dosis noemen. Ik was voorbereid. Ze hebben deze vorm gemaakt. Ze hebben mij doelbewust gecreëerd. De

Bron van Alles overziet dit proces zodat ik met deze homeopathische doses in de Aardfrequentie kon komen om met jou te spreken. En als ik Aardfrequentie zeg, bedoel ik niet de fysieke Aarde. Ik spreek tot jou vanuit de hoge astrale en lagere causale frequenties. Dit is een heel subtiele wereld, waar we vorm creëren met gedachten. Eerder in de tijd zou je niet klaar geweest zijn om deze energieën, deze herinneringen te ontvangen. Je was te verdicht, te rommelig en je geest was niet helder genoeg. Nu ben je er klaar voor. Dat is genoeg voor vandaag. Morgen gaan we verder."

Ik kon gaan en keerde wazig terug door het bos om thuis te gaan liggen. Het kostte me veel energie om door te gaan met deze gesprekken of wat ze ook waren. Eigenlijk voelden ze meer als transmissies of leringen. Hoewel hij me toestond vragen te stellen, wist ik dat voor hem mijn geest erg langzaam werkte en dat hij telepathisch mijn gedachten en gevoelens eerder kende dan ikzelf.

Hoe Draken Reizen in Ruimte en Tijd

De volgende ochtend stond ik vroeg op en deed ik mijn energie-oefeningen voordat ik naar de tempel ging voor de meditatie van 7 uur. De bewoners in de ashram beginnen elke dag met het reciteren van de Gayatri mantra. Hoewel Prajnaparamita me vertelde dat het niet nodig was om te gaan en dat zij niet meedeed, voelde ik me aangetrokken om me bij hen aan te sluiten vanwege de kracht van hun meditatie.

De Gayatri mantra werd voor het eerst opgezegd in de Rig Veda en is opgedragen als dank voor ons leven aan de Bron van Alles, de Schepper, ook wel de Grote Centrale Zon genoemd. Hoewel het reciteren van de Gayatri Mantra geen deel uitmaakt van mijn meditatiebeoefening, zat ik in stilte tussen hen en liet golven van zegen over me heen spoelen. Dankbaarheid vulde mijn hart, niet alleen voor mijn leven, maar ook dat ik naar de ashram was gekomen. Nadat de recitatie was afgelopen, bleven we nog 30 minuten in stilte, zodat ik de tijd had om te mediteren en mijn gedachten voor de dag te verzamelen.

Ik wist nu dat mijn ochtenden gewijd zouden zijn aan het spreken met Jake en ik had het geluk dat ik pas 's middags les hoefde te geven.

Prajnaparamita leidde satsangs in de avond, dus ik was in staat om te genieten van een prachtige balans van meditatie, leren over draken, onderwijzen waar ik voor gekomen was en het nuttigen van spiritueel voedsel in de avonden.

John wachtte me om 9 uur op en samen liepen we naar de havan om mijn stoel op te halen. Het was ons inmiddels allebei duidelijk dat het slim was om de stoel daar te laten, in plaats van hem dagelijks vanuit mijn kleine onderkomen mee te nemen. Ik realiseerde me dat John nieuwsgierig was naar wat de draak zei, maar hij onderbrak respectvol mijn stilte niet. Toen we bij de havan aankwamen, pakte hij de stoel, droeg hem het bos in en zette hem op zijn gebruikelijke plek, in de richting waarvan hij wist dat de draak verbleef. Zwijgend trok hij zich terug en liet mij alleen.

Deze ochtend besloot ik, voordat ik me tot Jake zou richten, de afstammingslijn van Meesters met wie ik mediteer aan te roepen. Ik dacht dat als zij me zouden bijstaan, het gemakkelijker zou zijn om de transmissie te ontvangen.

Onmiddellijk werd Jake boos en schudde geërgerd zijn hoofd en zei: "Dit is niet de plek om menselijke meesters aan te roepen, omdat hun energie anders is dan de mijne en wat ik wil overbrengen. Het creëert eerder een blokkade dan een pad tussen ons."

Geschokt door zijn reactie antwoordde ik: "Hoe kan dat als het Mahavatar Babaji was die me op jullie wereld wees om te vragen of ik wilde overwegen om met jullie draken te spreken?"

"Dat kan wel zijn," antwoordde hij, "maar hij heeft je toch niet naar onze wereld gebracht? Hij wees alleen de richting aan."

"Ik twijfel er niet aan dat hij in een seconde naar jullie wereld zou kunnen gaan," antwoordde ik vinnig. "Hij zou een intiemere band met jullie hebben in jullie zogenaamde geavanceerde evolutie dan ik ooit zou kunnen hopen te hebben." "Daarin heb je gelijk," gaf hij toe. "De energie van grote meesters, zoals Babaji, is niet langer menselijk. Het behoort niet meer tot een bepaalde afstamming. Ze zijn teruggekeerd naar de Bron van Alles en kunnen net als wij reizen in ruimte en tijd. Echter, en dit is een groot echter, elke menselijke meester heeft zijn of haar toon en specifieke vibratie. Hun tonen, als je denkt aan de meesters in hun menselijke vorm, zijn niet volledig afgestemd op onze drakenresonantie."

"Dat is interessant," zei ik, verlangend om het te begrijpen. "Kun je uitleggen waarom hun trillingen niet op één lijn liggen?"

"Het is alsof je een bos met appelbomen hebt en in het midden een kersenboom plant. De kersenboom hoort niet thuis in het appelbomenbos. Het evolutionaire pad, dat de menselijke meesters hebben genomen, bevat hun stempel zoals bij alle rassen, zelfs wanneer ze terugkeren naar de Bron van Alles."

"Ik heb altijd gedacht dat dat het geval zou zijn," erkende ik, "dus ik ben gerustgesteld door wat je zegt. Als dat zo is, hoe houd je dan je toon vast als je met mij, een mens, spreekt? Is mijn toon, mijn vibratie, niet moeilijk voor je?"

"Om mijn toon zuiver te houden in samenhang met mijn drakenresonantie, is het beter dat je geen menselijke meesters aanroept, want de manier waarop je je met hen identificeert is middels hun menselijke persoonlijkheden. Als je aan hen en hun menselijke leringen denkt, is dat niet in resonantie met onze drakenafkomst. Is dat duidelijk?"

Zijn verzoek verontrustte me, want in mijn achterhoofd wilde ik mezelf ervan verzekeren dat menselijke meesters me zouden beschermen tegen alles wat volgens draken - inclusief mijn 'zoge-naamde' nestbroer - niet in lijn was met mijn menselijke afkomst. Jake kende mijn gedachten en wilde me geruststellen. "Als je niet tot de mensenmeesters kunt bidden om je tegen mij te beschermen, dan vergroot dat je achterdocht jegens mij, nietwaar." "Natuurlijk," antwoordde ik en voegde eraan toe: "Waarom is dat en heb je een oplossing die ik kan vertrouwen?"

"Je bent niet alleen achterdochtig omdat ik een draak ben, maar ook omdat ik een indigozwarte kleur heb die je associeert met magie. Dit komt voort uit je kennis over zwarte magiërs die macht van anderen stalen. Je hebt gelijk vanuit je menselijke associatie, ik heb een magische toon. Maar zeggen dat ik slecht ben, helpt niet. Ik verschil al genoeg van jouw evolutie, dat het opwerpen van extra blokkades tussen ons - anders dan de verschillen die we al hebben - een heldere overdracht zal verhinderen."

"Je hebt gelijk dat ik wantrouwig ben tegenover degenen die ik associeer met magie vanwege zwarte magiërs. Wat kun je zeggen om mij van deze achterdocht bevrijden?"

"Simpel, je bent gewoon bevooroordeeld. Je hebt een blokkade. Zet je erover heen!"

Terwijl Jake sprak, stuurde hij me een sterk telepathisch beeld van hoe hij mijn vasthouden aan oude vooroordelen zag en ik kon door zijn ogen zien dat ik koppig en zelfs kinderachtig was. Het zien van dit beeld van mezelf was verbazingwekkend behulpzaam en ik was in staat om dit inzicht door te trekken naar andere manieren waarop ik misschien vasthield aan oude vooroordelen die heroverwogen moesten worden.

Hij wachtte geduldig voor hij weer sprak. "Indigo draken met een magische toon, of vibratie, als je dat woord liever hebt, zijn degenen die door de diepe ruimte reizen. De leegte van de diepe ruimte is waar ongemanifesteerd potentieel bestaat. We reizen naar andere sterrenstelsels door te denken waar we naartoe willen. Wij zijn de wetshandhavers van andere evoluerende rassen. We creëren sterrenpaden tussen werelden en andere beschavingen. Andere planeten. Andere zonnestelsels. Sterrenstelsels. We hebben een zekere mate van flexibiliteit geleerd omdat we met zoveel rassen in contact komen. Dankzij deze flexibiliteit kan ik met je praten en me verstaanbaar maken in je beperkte menselijke taal. Draken gebruiken telepathie al heel lang. Dus voor ons, hoewel je je uitstekend ontwikkeld hebt als mens, ben je nog steeds onvolwassen. Daarom is een jonge draak gekozen om met je te praten. Je zou op dit moment niet met een oude draak kunnen praten."

Ik werd er niet erg blij van, zowel vanwege het feit dat ik als beperkt werd beschouwd als door zijn arrogante toon. Hij merkte meteen mijn ongenoegen en probeerde me in een betere stemming te brengen.

"Misschien, als we onze verbinding verdiepen en onze essentie delen, dat er een tijd komt dat je met een oude draak kunt spreken. Het is zeker voorspeld dat je met onze moeder zult spreken. Als ik zeg voorspeld, denk je dat het voorbestemd is."

"Dat klopt, dat denk ik inderdaad. Begrijp jij deze termen anders?" vroeg ik verward.

"Wij zien wat er gaat gebeuren, terwijl mensen met hun concept van vrije wil elke stap van de keuzes die ze maken proberen te controleren. Mensen vragen zich af: 'Wat kies ik?' 'Welke richting ga ik op?' 'Doe ik een stap terug?' 'Doe ik een stap vooruit?' Dat is verloren energie. Voor draken is het anders. We voelen ons vooraf bepaalde doel in elk kristal in ons lichaam. Om mijn doel te realiseren, hoefde ik mezelf alleen maar hier met jou te zien spreken om het te laten gebeuren. Dit is de manier waarop mensen uiteindelijk zullen reizen en door naar het verleden en de toekomst te gaan, heb je dit al ervaren. Desalniettemin nemen jij en de mensheid nog steeds pas de eerste stappen. Voor ons draken is het de normale manier van reizen, terwijl het voor jullie mensen een uitzonderlijk moment is wanneer dit gebeurt."

"Ik vraag me af of het vermogen om naar het verleden en de toekomst te reizen door middel van geleide visualisaties een stap in de goede richting is naar jouw vermogen om in ruimte en tijd te reizen?" "Er zijn gradaties," antwoordde Jake. "Visualisatie is de eerste stap en jezelf fysiek naar een andere tijd transporteren waar je eerder geleefd hebt, een volgende stap.

"Gevorderde menselijke meesters, zoals Mahavatar Babaji en Jezus, waren in staat om fysiek op meer dan één plaats te verschijnen en door veel mensen tegelijkertijd gezien te worden. Is dit een nog verder ontwikkelde stap?" vroeg ik.

"Dit lijkt meer op waar ik het over heb," antwoordde hij. "En je werk met het lichaamselementwezen, de lichaamsgeest, zal mensen de basis geven om dit te kunnen doen. Naarmate mensen nauwer met hun lichaamsintelligentie samenwerken, zullen ze leren hoe ze in ruimte en tijd kunnen reizen en vervolgens hoe ze op hogere frequenties buiten ruimte en tijd kunnen reizen, zoals wij draken dat kunnen." [1]

"Oké, ik ben nieuwsgierig. Hoe is jullie manier van reizen superieur aan die van onze grote menselijke meesters?"

"Je begrijpt me verkeerd. Jullie grote meesters kunnen reizen en manifesteren zoals wij draken dat doen, maar ze hebben dit niet gedemonstreerd aan minder geëvolueerde mensen. Het zou zinloos zijn geweest omdat niemand in een bepaald stadium van evolutie had kunnen begrijpen wat ik je nu vertel."

"Waarom praat je dan met me en vooral waarom vraag je me dan te schrijven over reizen buiten ruimte en tijd, als het zinloos is?" zei ik, een tikje agressief.

Jake glimlachte, om aan te geven dat hij het waardeerde dat ik wat uitgesprokener werd. Misschien was dit de manier waarop draken met elkaar spraken.

"In antwoord op je uitstekende vraag: Jezus leefde 2000 jaar geleden en wat toen waar was, is nu niet meer waar. Ik spreek tot jou in een vormwereld die voorbij de vormwereld ligt die je normaal gesproken kent. Ik ben in mijn wereld waar ik in stille overpeinzing mediteer, terwijl ik met jou spreek. Je zou kunnen zeggen dat ik een hologram ben dat met je spreekt, maar dat zou wat ik ben in een beperkte menselijke context plaatsen.

"Mijn lichaam in de hogere astrale drakenwereld heeft de vorm gecreëerd die je ziet in de lagere astrale mensenwereld. Mijn vorm in mijn wereld creëert deze vorm om met jou te spreken."

"Ho," zei ik. "Je moet duidelijker zijn of de hogere en lagere astrale werelden voor jou hetzelfde zijn als voor mij. Een van Mahavatar Babaji's grootste discipelen, Swami Sri Yukteswar, verscheen na zijn dood fysiek aan zijn discipel, Paramahansa Yogananda, en vroeg hem om over de verschillende astrale werelden te schrijven in De Autobiografie van een Yogi. ²

Sri Yukteswar zei: 'Er zijn vele astrale planeten, vol met astrale wezens.... Zoals er vele fysieke zonnen en sterren door de ruimte zwerven, zo zijn er ook ontelbare astrale zonne- en sterrenstelsels ... Het gewone astrale universum - niet de subtielere astrale hemel van

Hiranyaloka (waar Sri Yukteswar werkte) - is bevolkt met miljoenen astrale wezens die min of meer recent van de Aarde zijn gekomen, en ook met ontelbare feeën, zeemeerminnen, vissen, dieren, kobolden, kabouters, halfgoden en geesten, die allemaal op verschillende astrale planeten verblijven."

"Dat klopt," zei Jake. "Er zijn vele astrale planeten die in verschillende frequenties bestaan en draken leven op een planeet in een hoog astraal rijk dicht bij Hiranyaloka. Wezens in onze wereld zijn meer mentaal, terwijl wezens in lagere werelden meer emotioneel zijn, maar zowel draken als mensen bestaan nog steeds in astrale werelden van vorm."

"Dus mensen worden meer geregeerd door hun emoties dan draken," antwoordde ik.

"Ja. Onze mentale vermogens zijn hoger geëvolueerd en het is niet gemakkelijk om wat ik weet over te brengen in menselijke taal."

"Dat kan ik waarderen," zei ik, terwijl ik mezelf eraan herinnerde om niet gevoelig te zijn voor wat voelde als het kleineren van de huidige staat van evolutie van mij en andere mensen.

Jake temperde onmiddellijk zijn aanpak en deed meer moeite om in contact te blijven. "Je zou kunnen zeggen dat ons huidige samenzijn voorbij ruimte en tijd is. Het is niet iets om over na te denken. Het is een weten. Dit is een moeilijk concept voor mensen die vragen stellen als: 'Beweeg je fysiek?' 'Wat voel je emotioneel?' 'Waar denk je aan als je naar andere sterrenstelsels reist op deze paden van licht door de diepe ruimte'. Er zijn geen betere woorden in de menselijke woordenschat voor wat ik probeer over te brengen dan te zeggen, zoals ik al zei, dat ik en andere draken deze realiteit kennen. Er is geen beweging. Het *is* gewoon. En in alle kristallen cellen van ons drakenlichaam zijn we deze realiteit, net zoals we een balans zijn van aarde, lucht, vuur en water."

Jake pauzeerde even om mijn reactie te peilen en om te zien of hij zijn boodschap op een begrijpelijke en gewenste manier had verwoord. Snel zei ik: "Bedankt voor het verduidelijken van de manier waarop je in staat bent om te reizen en voor het delen dat menselijke meesters kunnen doen wat jij doet. Dit geeft me hoop voor de toekomst, want het is iets wat ik graag zou willen doen, zoals waarschijnlijk de meeste mensen."

"Goed," antwoordde hij opgelucht. "Maar als je het ermee eens bent, denk ik dat het het beste is om nu te stoppen, zodat je de tijd hebt om ons gesprek in je op te nemen. We kunnen morgen verder gaan."

"Daar ben ik het mee eens," antwoordde ik en ik ademde uit, waardoor ik me realiseerde dat ik mijn adem had ingehouden. Ik was blij dat ik werd betrokken bij de beslissing en dat het steeds meer een reis werd, waar we beiden van leerden.

Mijn Drakenafkomst

Toen ik Jake verliet, ging ik terug naar mijn kamer om me op te frissen voor de lunch met Prajnaparamita. Lunches en diners waren altijd bij haar en op die momenten deelden we onze levensverhalen en onze manieren van waarnemen. Zij wilde graag horen over de draak en over de verschillende astrale werelden, waarin ik geweest ben, terwijl ik graag wilde begrijpen hoe een verlicht persoon onze dagelijkse wereld waarneemt en hoe dat verschilt van hoe onverlichte mensen dat doen. Hoewel we een aantal verschillende gaven hebben, zaten we op één lijn in die zin dat we beiden toegewijd zijn aan dienstbaar zijn, onderricht geven en het gronden van ons werk in de Aarde.

We waren aan het lunchen toen Prajnaparamita het onderwerp van de draak aansneed. "Kun je me vertellen wat de draak zegt?" vroeg ze. Jake had al gevraagd of ik, als er om gevraagd werd, alleen een samenvatting wilde geven, dus antwoordde ik: "Het is nog vroeg en we leren elkaar nog kennen, maar ik kan je al wel wat vertellen. Hij is de jonge draak die in een ei zat toen ik tientallen jaren geleden in een visioen naar zijn wereld reisde."

"Ik begrijp het," zei ze, "maar waarom is hij hier?"

"Ik denk dat hij hier vooral voor mij is. Hij wacht al een jaar om me te spreken en toen de pandits de vuurceremonie deden, vond hij dat een perfecte gelegenheid om naar de plek te komen waar ik zou zijn." "Denk je dat de vuurceremonie hem heeft aangetrokken?" vroeg ze, duidelijk nieuwsgierig naar het onverwachte resultaat van het uitvoeren van vuurrituelen.

"Draken houden van vuur en gezegend vuur is een speciale traktatie voor hen... zoals chocolade dat voor ons is," zei ik en glimlachte omdat we allebei van chocolade houden. "Maar," voegde ik eraan toe, "ik denk dat hij hier vooral voor mij is, maar het is vreemd dat hij ervoor zou kiezen om hierheen te komen in plaats van naar mijn huis in Canada. Dat gezegd hebbende, de temperaturen hier kunnen in de zomer boven de 40 graden Celsius uitkomen en draken houden van warmte."

Toen we klaar waren en ik op het punt van vertrek stond, vroeg Prajnaparamita: "Laat het me weten als je nog meer informatie ontvangt waarvan je denkt dat het nuttig voor me zou zijn om te weten."

"Natuurlijk," stemde ik in en liep de deur uit.

De meeste volgelingen waren al vele jaren toegewijd aan Prajnaparamita. Een paar woonden op het landgoed, maar de meesten waren gekomen, omdat ze zich aangetrokken voelden door de onderwerpen die ik zou onderwijzen. We zaten in een cirkel in de boomgaard en de zon was aangenaam warm na een koele lente. Gelukkig waren de temperaturen nog steeds rond de 25 graden Celsius. In tegenstelling tot mijn drakenvriend hield ik niet van temperaturen boven de 30 graden Celsius. Gezonde appel-, peren-, kastanje- en berkenbomen omringden ons en zwaluwen die daar hun nest hadden, vingen rondvliegende insecten om hun tsjilpende jongen te voeden. Al met al een idyllische landelijke omgeving.

De eerste dag had ik lesgegeven over elementalen en deze dag gaf ik les over menselijke hybriden. In mijn boek *Hybriden: mensen met een ruimer bewustzijn. Meer dan alleen mens* bespreek ik de mogelijkheid dat 22 verschillende rassen, sommige van de sterren en andere van de Aarde, in ons menselijk genoom zijn geïncarneerd. Deze noem ik hybriden. Onder deze rassen zijn elementalen, engelen, dolfijnen en - ik denk dat het geen verrassing is - draken. Uit Prajnaparamita's reactie een paar dagen eerder wist ik dat ze niet wilde dat ik de draak in het bos met de groep besprak. Daarom sprak ik alleen over de kenmerken van mensen die een drakenhybride zouden kunnen zijn en vermeed ik te spreken over de aanwezige draak.

"Ik wil meer horen over de draak die hier woont," zei een van de deelnemers.

In de hoop een antwoord op haar vraag te vermijden, antwoordde ik: "De draak is maar één hybride en het is het beste om erover te praten in de context van de 22 mogelijke hybriden die jij en anderen zouden kunnen zijn en om een oefening te doen om te ontdekken welke jij bent."

"Ik wil graag weten of er hier een draak is en wat hij wil," drong ze aan en deze keer knikten veel andere mensen instemmend.

Bah! Ik zat gevangen tussen de wensen van Prajnaparamita, die van de draak en die van de groep. Het was geen prettige ervaring en er was geen manier om iedereen tevreden te stellen.

"Ik kan hier nu niet over praten," zei ik wat assertiever.

"Waarom niet?" vroeg ze, voordat ze eraan toevoegde: "Wie wil er nog meer weten over de draak die hier woont?"

Er gingen nog veel meer handen omhoog.

Prajnaparamita zat naast me, omdat ze geïnteresseerd was in de onderwerpen die ik onderwees. Op dat moment beëindigde ze het debat met: "Niet nu!"

Ik was blij dat ze de discussie had gesloten. Bovendien hield ik er niet van om nieuwe informatie te delen voordat ik tijd had gehad om het te verwerken. Ik heb vaak gemerkt dat nieuwe informatie, of het nu van elementalen, draken of andere wezens komt, 'ruw' is en dat ik tijd nodig heb om het in menselijke termen te vertalen voordat het klaar is voor algemeen gebruik.

Er waren veel teleurgestelde gezichten. Gelukkig waren ze weer tevreden nadat ik ze een oefening had laten doen om hun hybride afstamming te ontdekken. Nadat ik klaar was met lesgeven, maakte ik een rustige wandeling over het landweggetje dat aan het landgoed grenst. Het is maar al te gemakkelijk om te zitten om les te geven, te zitten om te mediteren, te zitten voor satsang en te zitten om met de draak te spreken terwijl de dag omvliegt. Wandelen in de natuur geeft me de tijd om aan niets anders te denken dan aan de schoonheid van mijn omgeving. Het helpt me te aarden op de Aarde. Als ik wandel, ontstaan er nieuwe ideeën, krijgen vragen antwoorden en wordt nieuwe informatie verwerkt. Een pauze is essentieel voor mijn schrijven en denken over wat dan ook. Zelfs als ik thuis achter de computer werk, loop ik regelmatig om het huis en buiten, als het weer het toelaat, om mijn hoofd leeg te maken. Tijdens deze pauzes worden veel vragen die ik niet kan beantwoorden of beslissingen die ik niet kan nemen, duidelijk.

De tijd weg van Jake gaf me de ruimte niet alleen om na te denken over wat hij had gezegd, maar ook waarom hij ervoor had gekozen om met mij te praten.

Ja, ik had zijn wereld bezocht in een lucide droom, maar nu begon ik me af te vragen of er een belangrijkere reden was dat hij me had opgezocht. Sterker nog, ik begon te vermoeden dat ik een andere realiteit had in de thuiswereld van draken. Ik zal uitleggen wat ik bedoel. Jane Roberts schreef tientallen jaren geleden in haar boek *Oversoul Seven* over hoe een ziel tegelijkertijd in vele incarnaties zou kunnen bestaan. Toen ik Roberts' boek voor het eerst las, was ik het eens met haar vooronderstelling, ik zag echter alleen gelijktijdige incarnaties en levens van mijzelf op aarde.

Jaren later moest ik mijn ideeën over wat mogelijk was bijstellen, toen ik mezelf op de Pleiaden zag zitten op een heuvel van iets wat leek op menselijke schedels. Ik zag er menselijk uit, alsof de schedels van hetzelfde ras waren als ikzelf, maar ik had een heel strenge, niet-menselijke blik. Ik was verbonden met de dood, zoals Kali, de Hindoeïstische godin van de dood. Een andere keer, in een tweede lucide droom, zag ik mezelf in een elementale wereld leven, niet als een elementaal, maar als een mens, een 'wijze vrouw', zoals ik door de elementalen genoemd werd. Door deze twee ervaringen was het niet moeilijk om me voor te stellen dat ik een ander leven had gehad in een mensachtig lichaam in de thuiswereld van de draken en dat zou verklaren hoe ik mezelf in een grot met draken had gezien. Ik weet het verschil tussen fantasie en echte visioenen en deze ervaringen waren zeker van het laatstgenoemde type.

Ik wist dat ik niet zou kunnen rusten voordat ik Jake had gevraagd of ik tijd in zijn wereld had doorgebracht. Omdat het het einde van de dag was, zou John, mijn trouwe stoelverhuizer, mijn stoel al teruggebracht hebben naar het havan gebouw voor de nacht. Desalniettemin kon ik nog steeds naar het bos gaan en daar staand met Jake spreken.

Ik draaide me om en ging terug de landweg op en door de weide richting het bos. Slingerend door de bomen kwam ik bij de schaduwrijke cirkel waar hij gewoonlijk lag. Ik ging stevig staan met mijn voeten op de grond, sloot mijn twee ogen en opende mijn innerlijk oog. Daar stond hij, naar me kijkend.

"Het is niet noodzakelijk om hier te komen om met me te praten," zei hij, terwijl hij een beetje geïrriteerd keek door mijn onderbreking. "Je kunt het net zo makkelijk op je bank doen."

"Goed om te weten," zei ik. "Toch, aangezien ik in de ashram ben waar we voor het eerst begonnen, dacht ik dat onze connectie hier misschien sterker zou zijn."

"Misschien was dat waar in het begin, toen we onze frequenties voor het eerst op één lijn brachten, maar nu is elke plek een goede plek, zolang je maar in een staat van rust, kalmte en ontvankelijkheid bent."

"Nu ik er toch ben, zou je een vraag kunnen beantwoorden?" vroeg ik, voordat ik die kalme staat weer kwijtraakte, die hij verlangde. "Ik ken je vraag al en het antwoord is ja," antwoordde Jake.

Toen hij zag dat ik een glashelder antwoord wilde, voegde hij eraan toe: "Dat wil zeggen: ja, je leeft tegelijkertijd in vele werelden en één daarvan is onze drakenwereld."

Hij wachtte geduldig tot zijn woorden binnenkwamen. Nu mijn voorgevoel bevestigd werd, rezen er andere vragen.

"Als ik mezelf zie in de drakenwereld zie ik er menselijk uit. Zie jij mij ook zo?"

"Ja en nee", antwoordde hij kort en bondig.

"Ik heb absoluut meer informatie nodig dan ja en nee," zei ik, gefrustreerd door het gebrek aan details. "Ja, hoe dan? Nee, waarom niet?"

"Heel goed," stemde hij in. "Ik kan het je vertellen; je zou er echter zelf achter kunnen komen als je niet aan je intuïtie zou twijfelen." "Misschien is dat zo," gaf ik toe. "Maar toch, zelfs als ik het intuïtief zou aanvoelen, is het goed om het bevestigd te krijgen... in woorden, alsjeblieft."

"Je heb gedurende vele levens het vermogen ontwikkeld om naar verschillende werelden te reizen. Eerst ging je in je verbeelding en later ontwikkelde je het vermogen om in deze werelden te leven."

"Hoe is dat mogelijk als deze werelden niet voor mensen gemaakt zijn?" vroeg ik, omdat ik de stukjes en beetjes wilde begrijpen die ik in de loop van tientallen jaren had gezien.

"Ze zijn misschien fysiek niet voor mensen gemaakt, maar in hogere astrale frequenties waar andere werelden bestaan, ben je niet fysiek. Als je in mijn drakenwereld met menselijke ogen naar jezelf kijkt, dan ja, dan zie je jezelf in een menselijk lichaam. Maar dat veronderstelt dat je alleen een menselijk lichaam hebt en dat is een verkeerde veronderstelling."

"Mijn God," riep ik uit, "dit is veel om te verwerken."

"Natuurlijk, dat komt omdat je jezelf ziet als een aards wezen met een menselijk lichaam," antwoordde hij, zijn hoofd schuddend in, wat ik opvatte als, frustratie over mijn trage begrip.

"Ik kan bijna begrijpen wat je zegt. Dus," vroeg ik, "als ik mezelf als mens zie in de drakenwereld, zien jullie draken me dan ook zo?"

"Ja, we zien het hologram van het fysieke menselijke lichaam dat je projecteert. In hogere realiteiten kun je echter elk lichaam kiezen dat je wilt. Je kunt een draak zijn in de drakenwereld en een ander lichaam hebben in een andere wereld."

"Is dit de manier waarop de meesters het doen?" vroeg ik nieuwsgierig.

"Ja en nee," antwoordde Jake, me uitnodigend uit te vogelen wat hij zei.

"Verdomme, niet dat weer," zei ik gefrustreerd.

"Ik beantwoord je vragen nauwkeurig om je naar het juiste antwoord te leiden dat je, gezien je vooroordelen, kunt begrijpen," zei hij grijnzend en tevreden met zichzelf.

"Laat me raden," antwoordde ik, gretig om zijn zelfvoldane blik weg te nemen. "In hogere sferen hebben meesters geen fysiek lichaam nodig, omdat ze wezens van lichtenergie zijn."

"Juist," antwoordde Jake, blij dit punt toe te geven. "Je weet het antwoord op de meeste van je vragen, maar je twijfelt aan je intuïtie omdat het indruist tegen hoe jouw wereld de werkelijkheid ziet, zelfs de zogenaamde hogere werkelijkheden. Mijn reden om bij je te zijn is deels om je te helpen je zelftwijfel achter je te laten, zodat je vrijer in deze hogere realiteiten kunt reizen. Ik raad je aan mij te zien als je drakenbroer. Dit zal je helpen om je beperkte kijk op jezelf als zijnde enkel een mens los te laten." Terwijl hij me met meewarig geduld aankeek, zei hij: "Dat is meer dan genoeg voor vandaag. Ik zie je morgen. Slaap lekker straks, zus."

Weggestuurd liep ik uitgeput linea recta terug naar mijn kamer. Er was veel te verwerken en ik begon te voelen dat het spreken met mijn drakenbroer mijn frequentie verhoogde. Zoals hij had gezegd toen we elkaar voor het eerst ontmoetten, moest ik mijn spirituele grenzen verleggen en ik genoot van zijn oefening in hogere leringen. Ik besloot Jake te omarmen als mijn drakenbroer, zoals hij had aanbevolen, om te proberen van mijn hardnekkige identificatie als mens af te komen.

Achterblijvers op Aarde

Ik stond te popelen om mijn gesprek met mijn drakenbroer voort te zetten en bijna huppelend liep ik de volgende dag door de weide naar het bos. De vogels tsjilpten en de wereld was helemaal in orde. Ik ging het bos in en liep snel naar zijn hol. John had mijn stoel al op de gebruikelijke plek gezet, dus ik kon meteen beginnen. Ik ging zitten, sloot mijn ogen en was klaar voor het vervolg van de onderwerpen die Jake wilde behandelen, toen het geluid van iemand die in het bos aan het snoeien was, de rust verstoorde.

"Ik weet zeker dat het snel zal stoppen," zei ik, hopend dat ik gelijk had. Het doordringende geluid werd luider en kwam dichterbij terwijl ik zonder succes probeerde kalm te blijven.

Jake had er genoeg van. "Het is moeilijk voor je om je te concentreren met deze verstoring. Je creëert blokkades in je energie als je je verzet tegen het onaangename geluid, in plaats van je over te geven aan ons gesprek."

"Daar ben ik het mee eens, maar misschien is het lawaai zo voorbij," hield ik aan. Ik was terughoudend om de persoon te vragen om te stoppen aangezien Prajnaparamita hem gevraagd zou hebben om te doen wat hij aan het doen was.

"Stop hem nu," antwoordde Jake fel, geen tegenspraak duldend. "Ook al spreek ik met je als een geavanceerd hologram, het verstoort nog steeds mijn vibratie als ik deze onaangename geluiden moet verdragen." Ik sprong overeind en ging snel de man vragen om te stoppen met snoeien. Hij had oordoppen in om zijn oren te beschermen en hoorde me niet aankomen. Hij was een van de mensen in mijn cursus die interesse had getoond in draken. Ik moest recht voor hem gaan staan voordat hij me opmerkte. Hij deed zijn oordoppen uit en wachtte tot ik iets zou zeggen.

"Ik mediteer in het bos, William," zei ik. "Als je ergens anders zou kunnen werken, zou ik dat op prijs stellen."

Hij knikte instemmend en vertrok zonder te vragen naar de reden waarom ik in het gebied was dat voor de draak was gereserveerd. Dankbaar voor zijn medewerking en de tijd nemend om mijn innerlijke rust te herstellen, liep ik langzaam terug naar Jake.

"We zijn geen technologisch ras," begon hij voordat ik iets kon zeggen. "Dat is niet de lijn waarlangs wij ons hebben ontwikkeld. Omdat we een samensmelting zijn van vier elementen - en nog meer elementen die jullie nog niet kennen - zijn we in staat om alles te doen wat jullie met behulp van technologie zouden doen door onze essentie af te stemmen op de Bron van Alles.

"Ik zou graag meer willen horen over jouw wereld," vroeg ik, hopend dat hij gehoor zou geven aan mijn verzoek.

"Onze wereld, die je binnenkort zal bezoeken, heeft prachtige meren, bergen, kristallen en mineralen. Onze zintuigen worden verzorgd en gevoed door aangename geluiden en vergezichten."

"Elementalen hebben me verteld dat ze de essentie van voedsel dat mensen hen geven tot zich kunnen nemen. Worden jouw zintuigen gevoed door geluiden en prachtige omgevingen?" vroeg ik nieuwsgierig.

"We zijn wezens van grote kracht, die lang leven en we voeden onze zintuigen met aangename zaken, net zoals jij jezelf fysiek voedt. Mensen geloven dat draken carnivoren zijn die vee en herten willen eten en dat is belachelijk. Gezien onze evolutie staan we daar ver boven."

"Waarom verhalen mensen dan over draken die dit doen?" vroeg ik verward.

"Ik zal het uitleggen," zei Jake. "In vroegere tijden kwamen sommige draken naar jullie wereld die, in jullie termen, achter gebleven waren in hun ontwikkeling. Wij zijn ..hmmm... perfect, als we geboren worden. Sommigen waren echter niet helemaal perfect en hadden meer zelfbeheersing nodig. Zij bleven achter op het pad van de drakenevolutie. Je zou kunnen zeggen dat ze gehandicapt of onderontwikkeld waren. Soms wanneer dit gebeurt, sturen we achterblijvers naar lagere frequenties waar ze kunnen stabiliseren en genezen, in plaats van te proberen hen te helpen in de frequentie waarin wij draken leven."

Ik had een vermoeden aan welke locatie met lagere frequenties hij dacht en was niet blij. Hij hoorde natuurlijk mijn gedachten.

"Laat me je een voorbeeld geven waarmee je het zou kunnen vergelijken," zei hij op verontschuldigende toon. "Bedenk hoe onmogelijk het zou zijn voor iemand in de eerste klas van jullie schoolsysteem om een universitaire cursus te volgen. Als iemand van ons in de eerste klas zit, brengen we hem naar planeten met een lagere frequentie waar hij kan leren te stabiliseren. Wanneer ze naar een lagere frequentie gaan, kunnen ze niet leven van de essentie van hun zintuigen omdat de frequentie te laag is om hen te voeden. Daarom moeten ze het doen met wat er beschikbaar is."

"Is dit waarom ze op Aarde herten en vee en soms mensen aten?" vroeg ik, niet bereid om te accepteren wat de draken hadden gedaan.

"Niet zo snel, dat is een verkeerde interpretatie van wat ik zeg," zei Jake terwijl hij me een berispende blik toewierp. "Daarom spreken jullie mythes over draken die juwelen en kristallen wilden vinden om mee naar hun hol te nemen. Deze draken gingen naar grotten waar kristallen en halfedelstenen waren, omdat de energie daar het sterkst was om te rusten en te slapen. In kristallen grotten konden ze eonen slapen in een halfwakkere staat waarin ze leerden zich te stabiliseren. Wanneer dit gebeurde, hoefden ze niet te eten omdat ze de essentie van deze kristallen en edelstenen tot zich namen."

"Ik meen me iets te herinneren over draken die ook goud wilden. Is dat zo?" vroeg ik.

"Het is waar omdat goud het metaal is met de hoogste frequentie op aarde."

"Ik denk dat ik het begrijp. Dus wat mensen zien als hebzucht is eigenlijk voedsel voor draken?"

"Precies," antwoordde Jake. "Als draken werden verstoord in hun holen waar dit voedsel beschikbaar was, moesten ze hun toevlucht nemen tot runderen en schapen om zichzelf op zijn minst iets van voeding te geven."

Het viel me op dat hij het eten van mensen gemakshalve wegliet, maar ik besloot hem niet te prikkelen met vragen hierover. Te laat, hij pikte mijn vluchtige gedachte op en antwoordde.

"De achterblijvers waren liever niet in de buurt van mensen omdat mensen op hen jaagden terwijl ze met een genezingsproces bezig waren. Bovendien hechtten mensen veel waarde aan kristallen, edelstenen en goud en begrepen ze niet waarom draken deze dingen wilden hebben. Als de draken erg gestoord werden, konden ze gek worden en dan hun toevlucht nemen tot onaangenaam gedrag tegen mensen."

"Ik waardeer het dat je de diepere realiteit achter onze menselijke mythes over draken uitlegt. Het helpt me om meer compassie te voelen voor draken die naar onze planeet zijn gekomen."

Mijn drakenbroer pauzeerde even en ik voelde hoe hij overwoog wat hij hierna zou zeggen. Ik begon de subtiele gebaren op te pikken die hij gebruikte als hij nadacht, en ik merkte dat zijn gevederde wenkbrauwen begonnen te golven... een duidelijk teken dat hij probeerde te beslissen wat hij tegen me zou zeggen. Hij kwam tot een besluit en vervolgde: "Er waren enkelen onder jullie die met draken konden praten, zelfs in hun gedegenereerde staat. Of eigenlijk juist in hun gedegenereerde staat, want gezonde draken, afkomstig van een wereld met een hoge frequentie, zouden zichzelf superieur voelen aan mensen en geen verlangen hebben om met hen te communiceren. Door hun ontwikkelingsachterstand voelden de achterblijvers zich afgescheiden van de Bron van Alles en andere draken. De meesten wilden hun frequentie niet verder verlagen door met mensen te praten, maar een paar deden dat wel. Heb je nog vragen?"

Jake trok zijn rechterwenkbrauw op en keek me veelbetekenend aan, me uitnodigend om een vraag te stellen. Ik vond het vreemd dat hij me niet vertelde wat hij wilde zeggen en me in plaats daarvan liet raden.

"Vertel alsjeblieft meer over achterblijvers die wel met mensen spraken?" vroeg ik, hopend dat ik de juiste vraag stelde. Hij glimlachte geamuseerd en ik besefte dat puzzels deel uitmaakten van de leertechniek van draken, dat ik deze puzzel had opgelost en als prijs zijn antwoord had gewonnen.

"Duizenden jaren lang heeft een klein aantal achterblijvers met mensen gepraat. Je zou bijna zeggen 'raakten bevriend', maar dat zouden niet de juiste woorden zijn. Ze deden dit omdat ze eenzaam waren en mensen het dichtst in de buurt kwamen van wezens met gevoel zoals zij. Bovendien hadden ze het vermogen verloren om hun frequentie te verhogen tot een niveau dat hoog genoeg was om terug te keren naar onze drakenwereld. Deze achterblijvers realiseerden zich dat ze voor altijd van ons gescheiden zouden zijn, dus spraken een paar van hen met mensen. Deze communicatie hing van veel dingen af, waaronder het bewustzijn en de interesse van de mens, de omgeving waarin de mens leefde en de motivatie van de draak. In een vorig leven was je een van deze mensen," zei mijn drakenbroer. "Hierdoor zijn onze frequenties beter op elkaar afgestemd dan wanneer jij en ik ons vanuit het niets op elkaar hadden moeten afstemmen. Je ervaring met een draak in een eerder leven maakt het makkelijker voor ons om te communiceren en elkaar beter te begrijpen."

"Ik kan niet zeggen dat ik verrast ben door deze onthulling," antwoordde ik. "Ik had het vermoeden dat ik honderden jaren geleden een Aziatisch leven had, waarschijnlijk Chinees, waarin ik met een draak sprak. Ik heb mezelf gezien als een man in prachtige zijden gewaden en had het gevoel dat ik een geleerde was. Is dat het leven waar je naar verwijst?"

"Dat is zo," antwoordde hij en glimlachte toegeeflijk naar me, alsof hij de trotse oudere broer was van een jonger broertje of zusje.

"Er is echter iets dat ik verwarrend vind," zei ik, op zoek naar opheldering. "Je zei dat de draken op Aarde allemaal achterblijvers waren, maar ik heb niet het gevoel dat ik met een krankzinnig, onstabiel wezen sprak dat mij dreigde te doden. Hoe kan dat?" Mijn drakenvriend gooide zijn hoofd achterover en begon te lachen. Geïntrigeerd waarom hij mijn vraag zo grappig vond, wachtte ik geduldig zijn antwoord af. Nog steeds breed glimlachend richtte Jake zijn ogen op mij en zei: "Mensen hebben zorgverleners die voor mensen met een handicap zorgen; wij draken hebben iets soortgelijks. Onze verzorgers kwamen af en toe naar de Aarde om te kijken of er achterblijvers waren die ver genoeg gevorderd waren om terug te keren naar onze drakenwereld. Ze hadden kristallen bij zich met hoge genezende frequenties die zowel aan de achterblijvers gegeven werden als in hun grotten geplaatst werden. Dit was bedoeld om de achterblijvers te helpen hun frequentie te verhogen."

"Heb ik met een verzorger gesproken?" vroeg ik, hopend van wel.

"Draken zijn van nature nieuwsgierig," antwoordde hij, mijn vraag ontwijkend. "Een van de verzorgers, die overigens van een speciale afstammingslijn zijn, keek tijdens haar werk rond naar de beste omgeving om de achterblijvers te helpen. De Chinese beschaving was in die tijd meer gevorderd en had een hogere frequentie dan die in Europa. Daarom stelde de verzorger de meer gevorderde achterblijvers voor om in China en andere Aziatische landen te gaan wonen. Een van deze meer gevorderde achterblijvers koos ervoor om met jou te praten."

"Ik weet niet of ik gevleid of beledigd moet zijn," zei ik. "Het lijkt me niet dat een geesteszieke draak tegen me sprak. Hoezo was hij een achterblijver en hoe weet je dit eigenlijk?"

"De herinneringen van elke draak en hun geschiedenis worden door ons bewaard," antwoordde Jake. "De verzorgers hebben de verantwoordelijkheid om naar onze wereld terug te koppelen hoe het met de achterblijvers gaat. We hebben deze informatie nodig om te beslissen met wie we nakomelingen willen en welke kwaliteiten we wensen en welke niet."

"Ik begrijp het. Dus, in antwoord op mijn andere vraag, in welk opzicht was de draak met wie ik sprak een achterblijver?"

"Zullen we beginnen met zijn kracht?" zei Jake retorisch. "De draak die met je sprak was een geleerde en behoorde tot die afstammingslijn. Hij voelde zich tot jou aangetrokken omdat jij ook een geleerde was. En door zijn kennis over draken te delen, hoopte hij deze wenselijke eigenschappen zowel in zichzelf als in jouw wereld te behouden. Hij onderwees je over deze positieve kwaliteiten en in de Aziatische wereld hielpen jullie de boodschap te verspreiden dat draken machtige bondgenoten waren. Omdat draken lang leven, wist hij dat hij geslaagd was in zijn taak en dit hield hem gezond en stabiel. Bovendien voedde het feit dat keizers zich schaarden aan de zijde van draken, zijn trots en gevoel van eigenwaarde. Dit zijn allemaal wenselijke eigenschappen voor draken."

"Ik ben dankbaar dat ik nu weet, dat ik ten minste één draak heb helpen stabiliseren en ervoor heb gezorgd dat draken in Azië niet zo gehaat werden als in Europa. Maar ik zou nog steeds graag willen weten in welk opzicht hij een achterblijver was?"

"Daar kwam ik nog op," bromde mijn drakenbroer en ik kon merken dat mijn voortdurende vragen hem teveel werden. "Hij was te emotioneel."

"Emotioneel," antwoordde ik. "Welke emoties zijn onacceptabel voor draken? Oh, laat me raden, het is woede, is het niet?"

"Waarom zou je boosheid kiezen?" vroeg Jake, geïntrigeerd door mijn inzicht.

"Ik heb een vage herinnering dat de draak die met me sprak opvliegend was en dat ik voorzichtig moest zijn om niets te zeggen dat hem boos zou maken. Hij was onvoorspelbaar en beangstigend als hij boos was." "Je hebt gelijk. Dat was zijn probleem," antwoordde hij. "Het verbaast me dat je dit nog weet. Heel draak-achtig om zo'n ongelooflijke herinnering te hebben aan je vorige levens."

"Ik wil graag horen..." begon ik, maar hij kapte me af.

"Dit is genoeg voor vandaag. Ik zie je morgen," zei hij en verdween.

Ik stond op uit de stoel en slenterde door het bos en de weide terug naar mijn kleine verblijf. Ik was blij dat ik een korte pauze had voor de lunch en mijn middagsessie. Ik genoot met volle teugen van de balans tussen tijd alleen met mijn drakenbroer, tijd om te lunchen met Prajnaparamita en tijd om les te geven aan de groep. Het onderwerp van vandaag was het lichaamselementwezen, het bewustzijn in ons lichaam, de lichaamsgeest. Na een ontspannen lunch met Prajnaparamita begaf ik me naar de boomgaard. Terwijl ik het onderwerp introduceerde, werd ik onderbroken door John: "Kunnen we met de bomen werken? Ze lijden onder de hete zomers en het gebrek aan regen, en ik voel me met hen verbonden."

Ik liet mijn ogen de groep rondgaan en zei: "We kunnen dit doen als mensen zich liever concentreren op het helen van de bomen, maar dan hebben we geen tijd om met het lichaamselementwezen te werken. Kunnen de mensen de hand opsteken die liever met de bomen werken?" De meeste handen gingen omhoog, dus ik stemde snel toe: "Oké, het worden bomen."

Omdat ik ze de vorige dag niet de gewenste informatie had kunnen geven over de draak, was ik meer dan blij om nu met hun eerste keuze in zee te gaan.

"Toen we gisteren de oefening over hybriden deden," vroeg ik, "heeft iemand toen ontdekt of hij/zij een boself of een boomdeva was? Beide hybriden hebben een sterke band met bomen." Minstens een kwart van de groepsleden stak zijn hand op, wat meer was dan ik gewoonlijk zag in mijn workshops over hybriden. Ik zag dat een van hen John was en een andere William, die die ochtend in het bos aan het snoeien was geweest.

"Zouden we met de bomen in de boomgaard kunnen werken?" vroeg Sam, een andere boself.

Al mijn werk is gericht op participatie, dus begeleidde ik de groepsleden in een oefening om een boom in de boomgaard te vinden die met hen wilde spreken. Mensen vragen me vaak hoe ik in staat ben om met wezens in andere dimensies te spreken en ik leer ze veel manieren om dit te doen. Verreweg de beste manier is echter om hen te helpen te vertrouwen op hun eigen intuïtieve vermogens om met bomen, elementalen en andere wezens te spreken. Nadat de groep uiteen was gegaan om hun bomen te zoeken, wendde ik me tot Prajnaparamita die naast me zat. "Wil jij de boom niet vinden die met je wil spreken?" vroeg ik.

Ik volgde haar blik omhoog op de plek waar we zaten en zag de takken van een wilg wuiven in de wind. "Ik zit bij de boom die tot me spreekt," antwoordde ze, stralend met haar warme glimlach.

Toen ik om me heen keek en zag wie welke boom had gekozen, viel het me op dat niemand de reusachtige kastanje links van ons had gekozen. "Het is interessant," zei ik tegen Prajnaparamita, "dat niemand de kastanje heeft gekozen, vooral omdat het zo koel is in zijn schaduw. In plaats daarvan heeft bijna iedereen gekozen voor kleinere fruitbomen in de hete zon."

"Het verbaast me niets," antwoordde ze. "We eten het fruit van deze fruitbomen en sommige daarvan zijn geplant door hen; daarom voelen ze zich meer verbonden met die bomen."

"Ik begrijp wat je bedoelt. Als we iets planten en de vruchten ervan eten, is er een sterkere band."

"Iedereen werkt op zijn of haar beurt in de groentetuin, hakt hout of plant bomen, zodat ze zich verbonden voelen met dit land," zei Prajnaparamita.

"Het is prachtig wat je doet," antwoordde ik. "Wat onze westerse wereld ziek maakt is, dat mensen niet geworteld zijn in de aarde. Ze verhuizen van huis naar huis, van baan naar baan, van plaats naar plaats, en omdat ze niet geworteld zijn in het land, hebben ze er geen probleem mee om de aarde te vernietigen. Ik geloof dat dit de oorzaak is van onze vervreemding van Moeder Aarde die heeft geleid tot onze milieucrisis."

We zetten onze bespreking voort tot de anderen terugkwamen om hun ervaringen te delen. Het was duidelijk dat hun band met zowel die ene boom als met de hele boomgaard zich had verdiept door rechtstreeks met de boom van hun keuze te praten. Wat ze zeiden deed me denken dat, als ieder van ons elke dag de tijd nam om met planten, bomen en dieren te praten, we zouden beseffen dat alle wezens op aarde onze broeders en zusters zijn. En, in het verlengde daarvan, wat mijn drakenbroer me leerde was dat wij mensen verbonden zijn met alle wezens, niet alleen op Aarde maar door het hele universum.

De Bron van Alles

Ik begroette de nieuwe dag met dankbaarheid. Wat een geluk dat ik in zo'n vredige omgeving naar mijn gebruikelijke plek in het bos kon lopen. Aangekomen wachtte ik rustig tot Jake mijn aanwezigheid zou opmerken. Terwijl ik wachtte, ging ik steeds dieper in meditatie. Toen ik mijn aandacht richtte op de plek waar hij gewoonlijk rustte, merkte ik dat zijn aura groter en voller leek dan voorheen.

Mijn drakenbroer begroette me. "We wilden je in deze diep ontvankelijke staat hebben omdat je ritmes en ademhaling dan bijna net zo langzaam gaan als die van ons. Ons metabolisme is langzaam om energie te sparen en om ontvankelijk te zijn voor infusie door de Bron van Alles. Jullie zouden deze infusie 'prana' noemen, maar wij noemen het versmelten. We geven ons over aan de infusie. Omarmd worden. Zijn.

"Als we jong zijn, doen we dit niet zo vaak," ging Jake verder. "Hoe ouder we worden, hoe dieper we in rust gaan en ons overgeven aan de diepten van de omhelzing. Versmelten. En in deze diepgaande staat leren we alles kennen. Alles."

Terwijl hij sprak, bleef ik in dezelfde diepe ontvankelijke staat die hij beschreef. Ik had geen verlangen om te spreken en stond volledig open voor alles wat hij wilde zeggen. Ik voelde niet langer de behoefte om een gesprek te voeren, omdat onze relatie in een comfortabele fase van acceptatie van elkaar was gekomen. "Draken hebben vele afstammingslijnen. Vele met juwelen versierde gekleurde stralen. Indigo draken zijn Wisdom Keepers. Onze wijsheid komt voort uit diepgaande versmelting en wanneer we doordrenkt zijn door de Bron van Alles, ontvangt elke kristallijne cel in ons lichaam een druppel wijsheid en zijn we vol. Dan verteren we dit alles gedurende lange tijd. Rusten. Jij zou zeggen dat we in de zevende hemel zijn; maar wij hebben er geen woord voor. Het is een ...hmmm...hmmm ... Je menselijke keel kan het niet produceren," zei Jake toen ik het geluid probeerde na te bootsen. "Net zoals de bijen zoemen met de frequentie van de ziel, zo neuriën wij met de Bron van Alles. Ons neuriën resoneert door alle kristallijne druppels van ons wezen en stemt ons langzaam op elkaar af. En naarmate we ouder worden, wordt elke kristallijne druppel groter en vult ons meer en meer totdat al deze kristallijne structuren samensmelten. We verliezen het verlangen om ook maar iets anders te doen dan zo te blijven, niet bewegend. Resonerend met de Bron van Alles. Onze oudsten, onze heiligsten, doen dit. Jongere draken," vervolgde Jake, "zitten bij de ouderen, die zich op hen afstemmen en de jongeren resoneren mee op de wijsheid van de ouderen en worden zo gevoed."

Terwijl hij sprak, stroomde zijn drakenessentie over me heen. Ik kwam in harmonie met wat hij beschreef alsof ook ik in de aanwezigheid was van een oude draak. Ik had geen behoefte om te spreken, maar er kwam heel zachtjes een vraag op in mijn gedachten.

"Je vraagt," zei hij, als antwoord op mijn gefluisterde gedachte, "of de oude indigo draken resoneren op alle stralen net als de Bron van Alles? Wij draken zijn wezens op één straal. De Bron van Alles is van alle stralen. Wij kunnen door alle stralen worden aangeraakt.

Wij kunnen op een veel dieper niveau samensmelten dan jij op dit moment met je menselijke beperkte bewustzijn. Maar we hebben nog steeds deze drakenvorm, dit filter om de Bron van Alles te ontvangen. Op deze manier zijn we één met en worden we gevoed door de Bron van Alles. Een oude draak is er vandaag bij, zodat je met ons kunt samensmelten."

"Ahh," dacht ik bij mezelf. "Hij heeft zo'n oude draak meegebracht. Dat is de grote aanwezigheid die ik voel."

"Je bent slechts in staat om een beetje van de resonantie van onze oude wijze te ontvangen, maar je krijgt er wel wat van mee," zei Jake. "Jij bent van nature rusteloos en verstoort de harmonie. Andere jonge draken zouden niet bij jou willen zitten omdat ze verstoord zouden worden als ze zich zouden afstemmen op onze oude wijze. Samensmelten, samensmelten, samensmelten in dit raster van licht."

"Zeg eens wat meer over het raster van licht?" dacht ik zachtjes, want ik wilde mijn kalme staat niet verstoren.

"Er zijn oude wijzen in elke afstammingslijn en ze zijn met elkaar verbonden in een netwerk om een juweel van herinnering te creëren. Jij kan deze vorm niet zien en zelfs voor ons bevindt zich dat in hogere frequenties. Een kristallen toon bestaat op een zeer hoge frequentie en wordt gecreëerd door de ouden van onze drakengeslachten. Zij voeden dit kristal - wat niet hetzelfde is wat jij onder kristal verstaat. Je zou kunnen zeggen dat het de opslag is van onze kracht, wijsheid en weten."

Jake moet gedacht hebben dat ik geen enkel benul had van waar hij het over had, want hij voegde eraan toe: "Jullie hebben boeken. Wij hebben dit. Uit dit kristallen wezen ben ik gevormd door mijn vader en moeder. Weten wat ik zou worden, waartoe ik zou dienen, kwam voort uit het feit dat zij luisterden naar dit kristallen juweel van herinnering."

Vanuit mijn diepe meditatieve staat sprak ik tot mijn drakenbroer. "Ik geloof dat we vanuit een diep verlangen en door onze individuele identiteit op te geven ons beperkte ego kunnen transmuteren in een diamant, net als steenkool door de druk van de omgeving transmuteert in diamant. Deze diamant is de verlichte staat van samensmelting die je beschrijft."

"Ja, dat is het equivalent van wat ik beschrijf," beaamde hij. "Dit kristal, dat gebouwd is door onze voorouders en oude wijzen, handhaaft de harmonie van onze wereld. Het is uitgelijnd met de Bron van Alles en zijn energie straalt op ons neer, waardoor we in harmonie blijven met de Bron."

Ik dacht dat Jake klaar zou zijn met spreken, maar hij haalde diep adem en sloeg een andere weg in. "Jullie zon evolueert. Uiteindelijk zal ze in elkaar instorten en een zwart gat worden. Tijdens dat proces geeft ze zich over en trekt zich terug in zichzelf. Het vuur brandt niet uit. In plaats daarvan wordt de Zon steeds opnieuw geboren als een feniks. Jullie Zon wordt aangestuurd door de Bron van Alles die jullie de Grote Centrale Zon noemen, of het Galactisch Centrum. Zonnen gaan in een cocoon-fase, die er voor jullie uitziet als een instorting. Dit is een transmutatieproces voor de Zon om herboren te worden in hogere dimensies in een kristallijne vorm."

Het intrigeerde me dat Jake over onze Zon wilde praten, maar ik wist niet zeker waarom hij dit onderwerp aansneed.

Ik fluisterde: "Dit is interessante informatie over onze Zon, maar wat heeft dit te maken met de evolutie van mensen en draken?"

"Het komt zelden voor dat mensen zelfs maar een glimp kunnen zien van wat wij beschrijven," antwoordde hij. "We hebben het over wat er gebeurt in de 12e dimensie, wat een veel hogere frequentie is dan jullie aankunnen. En houdt het daar op?" vroeg Jake retorisch. "Dat weten we niet. De vraag 'Waar gaan we naartoe?' komt af en toe op bij ons jongeren. De oude wijzen vragen dit niet en het kan ze ook niet schelen omdat ze samengesmolten zijn met de Bron van Alles. Maar wij jongeren zijn rusteloos, nieuwsgierig en hongerig om te weten. Wij staan te popelen om de volgende stap te zetten, om te overstijgen wat een draak momenteel is. Alle wezens proberen hun huidige bewustzijnsniveau te overstijgen. Elk sterrenstelsel heeft één groot wezen, één grote Schepper en onze Bron van Alles evolueert ook. Bovendien zijn er anderen buiten onze Schepper. Dat is genoeg voor nu."

Nog niet klaar om te stoppen, moest ik terug komen uit mijn meditatieve staat. "Ik ben dankbaar dat je een oude draak hebt gevraagd om bij me te zitten, zodat ik kon rusten in de energie."

"Eigenlijk is het andersom en heb ik jou meegenomen naar onze drakenwereld om bij de oude draak te zijn," antwoordde Jake. "Ik wilde dat je een soortgelijke ervaring zou hebben als wij met onze wijzen hebben."

"Het was verbazingwekkend en ik kon het grote verschil in diepgang en energie tussen jou en de oude draak voelen," erkende ik. "Het is ongelooflijk dat je me mee kon nemen naar jouw wereld. Hoe doe je dat?"

"Jij en ik hebben een harmonieus magnetisch koord tussen ons gecreëerd, waarmee ik je naar de oude draak kan brengen. Het is echter niet gemakkelijk voor je om deze coherente staat te handhaven. Om dit te doen, moet je alert zijn en tegelijkertijd er niet aan gehecht zijn om iets te zijn of te doen - wat de ego-staat is - en deze staat voelt voor jou bijna als de staat vóór je in slaap valt. Deze uitgebreide pauze in het eeuwige heden is verlichting. Verlichting, zelfrealisatie, is niets anders dan wat jij ziet als een uitgebreide pauze."

"Weet je zeker dat dit verlichting is?" vroeg ik. "Ik was nog steeds bewust, maar diep ontvankelijk. Ik veronderstel dat je zou kunnen zeggen: ik had me overgegeven."

"Het is hetzelfde. Realiseer je dat je op het juiste moment op de juiste plek bent om met me te praten. Er valt niets anders te zeggen. Niets meer voor vandaag. Geef je gewoon over aan de energie."

Ik bleef rustig zitten en kwam opnieuw in een diepe meditatieve staat. Ik weet niet zeker wanneer Jake zich had terug getrokken, want hij was niet langer aanwezig toen ik uit de meditatie kwam. Ik vond het intrigerend dat hij als hologram bij me kon zijn of weg kon gaan. Het zou een goede vraag zijn om hem morgen te stellen.

Stijf van het lange zitten en met een meer dan verzadigd gevoel door ons gesprek, stond ik langzaam op uit de stoel en slenterde terug naar mijn kamer. Terwijl ik verlangend naar het bed keek en toen naar de klok, drong de realiteit door. Het was tijd om les te geven.

Het was heet... zo'n 30 graden. Ik kan niet goed tegen hitte en heb de neiging om te verpieteren. Vanmiddag zou ik de groep meenemen over het landgoed om te ontdekken wat de natuur hen wilde zeggen. Dit zou hen helpen om betere verzorgers van het land te worden. Ongehaast en in stilte gingen we op weg door de moestuin en hoewel we naar dezelfde plek gingen, viel het me op dat sommigen het pad volgden en anderen ervoor kozen om over het gras naast het pad te lopen. Ik koos het pad en toen we bij de eerste stopplaats kwamen, het voedselbos, vroeg ik de anderen: "Waarom hebben jullie ervoor gekozen om over het gras of over het pad te lopen?"

"Het is gemakkelijker om over het pad te lopen," zei Doris.

Dat was ook mijn reden geweest. Het is altijd gemakkelijker om een bestaand pad te volgen dan om zelf een nieuw pad te creëren.

"En jij?" vroeg ik aan John, die het pad niet had gevolgd.

"Ik heb liever het gras," zei hij eenvoudig. John gebruikte nooit twee woorden als één genoeg was.

Het voedselbos is een halfverwilderd gebied in de weide waar verschillende soorten eetbare planten groeien. Terwijl we in stilte liepen, koos ieder van ons een plant, struik of boom die ons riep. Velen hadden liever gezien dat ik hen vertelde wat elke plant mij meedeelde, maar dat is niet mijn manier. In de ashram wiedt, plant en bewatert iedereen om beurten het voedselbos; daarom vond ik het essentieel dat iedereen leerde communiceren en vertrouwen had in zijn of haar communicatie met de planten en het land. Ze aten tenslotte de vruchten van deze planten, dus het was belangrijk om deze relaties te koesteren.

De brandende zon was genoeg om een derde van de groep af te laten haken en zich terug te trekken in de comfortabele schaduw bij het huis. Ik benijdde hen en was blij dat onze volgende stopplaats de bijenkorven aan de schaduwrijke rand van het bos waren. De volgelingen hadden eerder die lente drie bijenkorven gebouwd, maar ze waren allemaal leeg gebleven. Omdat er geen bijen waren gekomen, had Prajnaparamita ons gevraagd om bijen uit te nodigen.

Samen verzamelden we ons rond een van de bijenkorven en ik leidde de groep in een meditatie om de bijen naar de nieuwe korf te roepen. Er zat een volk wilde bijen in een boom, vlakbij waar de draak zich ophield en ik richtte mijn aandacht op de bijen om ze te vragen een nieuwe koningin te sturen. "Stel je voor," zei ik tegen de groepsleden, "dat je een bijenkoningin ziet die naar de nieuwe korf komt. Stel je voor dat ze gelukkig is. Zie de werkbijen naar het voedselbos gaan om de planten en struiken te bestuiven. Bijen zoemen met het geluid van de ziel, dus hoor dat geluid."

We vervolgden nog enige tijd onze meditatie en hadden net afgerond toen Dana uit het hoofdgebouw arriveerde en zei: "Je moet onmiddellijk terugkomen."

"Waarom?" vroeg ik, omdat ik onze meditatieve reis over het landgoed niet graag wilde beëindigen.

"Er is een giftige adder gevonden in de moestuin," antwoordde Dana. Dit was geen goed nieuws, aangezien we door die tuin hadden gelopen op weg naar het voedselbos.

We liepen haastig terug naar het hoofdgebouw waar Prajnaparamita wachtte. "We hebben de brandweer gebeld om de slang te verwijderen," zei ze.

"Hebben jullie hier ooit eerder een adder gehad," vroeg ik, terwijl ik dacht dat het misschien beter was om geen sandalen meer te dragen.

"Niet binnen onze omheinde boomgaard en huizen, hoewel we weten dat ze in het bos zijn," antwoordde Prajnaparamita.

Haar antwoord stelde me niet gerust toen ik me voorstelde wat er zou kunnen gebeuren op de dagelijkse tochten in mijn eentje naar mijn drakenbroer.

"Is er ooit iemand gebeten door een adder?" vroeg ik, in de hoop gerustgesteld te worden.

"Nee," glimlachte ze. "Ze zijn niet agressief, maar er spelen kinderen in de boomgaard die we willen beschermen."

"En als iemand gebeten zou worden, hoe ernstig zou dat dan zijn?" vroeg ik.

"Heel ernstig," zei ze, "maar de brandweer is hierin getraind en zou hier binnen enkele minuten zijn."

Op dat moment kwam Dana terug van de brandweer. "Ze hebben de slang weggehaald."

"Wat gaan ze ermee doen?" was onze onmiddellijke vraag, want adder of niet, niemand van ons was er voorstander van om de slang te doden.

"Ze zullen hem vrijlaten in een bos, ver weg van mensen," antwoordde Dana geruststellend.

De groep ging uit elkaar en we gingen ieder ons weegs. Ik bleef achter met de vraag of er een verband was tussen de adder die naar ons omsloten binnenterrein was gekomen en de draak. Ik heb verhalen gelezen waarin een draak vaak een slang wordt genoemd.

Dit zou mijn eerste vraag zijn wanneer ik de volgende ochtend met Jake zou spreken. Ondertussen ging ik terug naar mijn kamer om mijn sandalen te vervangen door wandelschoenen.

De Slang en de Draak

De volgende dag ging ik op weg naar het bos met strak geregen wandelschoenen. Ik liep stevig door, bleef uit voorzorg op het pad en vermeed het lange gras. Slangen horen trillingen en ik creëerde zoveel mogelijk trillingen om elke slang een kans te geven mij te ontwijken. Ik voelde me niet op mijn gemak en terwijl ik me gisteren veilig had gevoeld in een bekende omgeving, was ik nu op mijn hoede. Tegelijkertijd was ik me bewust van mijn overdreven reactie op het slangenincident. De ashram bestond al 12 jaar en er was nog nooit iemand gebeten, dus de kans was klein dat dit zou veranderen. Toch kon ik niet anders dan denken dat ik de adder had aangetrokken, niet bewust, maar met mijn energie en die van de draak. Aangekomen bij het hol van mijn drakenbroer ging ik in mijn stoel zitten en sloot mijn ogen. Hij zat te wachten, dus ik kwam meteen ter zake.

"Heeft jouw aanwezigheid ervoor gezorgd dat de adder uit het bos de omheinde boomgaard is binnen gekomen?"

"De slang is aan ons verwant, zoals de chimpansee verwant is aan jullie," antwoordde Jake. "Net zoals de Tuatha dé Danann de voorouders zijn van de elementalen, zijn wij draken de voorouders van de slangen."

"Prajnaparamita wil weten waarom je deze plek hebt gekozen, omdat ze bezorgd is om de veiligheid van haar mensen", zei ik. "Er zijn verschillende redenen. De vuurenergie van de havan en de hoge frequentie van de meditaties, ceremonies en het werken in een meditatieve modus, trekken mij aan. Ook wist ik dat jij zou komen en ik heb me voorbereid op je komst."

"En wat is de relatie tussen jou, mij en de slangen?" vroeg ik met klem.

"Wij draken zijn oude wijzen en slangen zijn onze kinderen. Wat jou, mij en slangen betreft, wil ik je eraan herinneren dat energie door de twee slangachtige kanalen stroomt die de chakra's in je lichaam verbinden. Wanneer de energie tussen deze twee kanalen gelijk is en niet geblokkeerd, versmelt ze en beweegt ze zich omhoog door je centrale kanaal naar zelfrealisatie ... verlichting."

"Ik moet bekennen," zei ik, "dat ik jou en slangen niet in verband had gebracht met mijn kundalini energie, hoewel ik had bedacht dat de havan ceremonie jou misschien had aangetrokken."

"Laat me verder gaan," zei Jake. "Je moet onthouden dat slangen en draken heilig waren in veel culturen vóór het christendom. De Kelten geloofden dat draken verwant waren aan goden. Ze associeerden ze met macht, vruchtbaarheid en wijsheid. Druïden geloofden dat zij de poortwachters waren naar andere werelden en dat de drakenwereld parallel bestond aan de mensenwereld."

"Hoe komt het dat je onze menselijke geschiedenis zo gedetailleerd kent?" vroeg ik, onder de indruk van zijn kennis.

"Dat is makkelijk," zei hij grijnzend en duidelijk trots op zijn prestatie. "Zoals ik al eerder zei, kan ik al jullie kennis en herinneringen net zo gemakkelijk lezen als jij een boek. Op dezelfde manier kan ik de collectieve herinneringen van de mensheid in de etherische sferen lezen. Ik weet bijvoorbeeld dat het Orakel van Delphi in het oude Griekenland de Python heette en dat de farao's van Egypte een hoofdtooi droegen met een slang boven hun derde oog die aangaf dat ze verlicht waren."

"Heel goed," erkende ik. "Ik begrijp het. Slangen waren in oude culturen heilig en werden geassocieerd met spiritueel bewustzijn. Maar wat doen we met de slangen hier?"

"De slangen, onze kinderen, worden aangetrokken door meditatie en het verlangen naar verlichting onder jou en anderen hier. Gezang, gebeden en toewijding zorgen ervoor dat de kundalini energie opstijgt door de slangachtige kanalen in jullie. Op dezelfde manier trekken deze praktijken fysieke slangen aan naar plaatsen waar deze energie verblijft. Dit is niet om iets of iemand de schuld te geven, maar om duidelijk te maken dat wat in de spirituele frequentie gebeurt, ook in het fysieke gebeurt."

"Ja, maar de slangen hier zijn giftig..."

"Dat was de cobra ook voor de farao's," onderbrak Jake.

Ik haalde mijn schouders op om aan te geven dat ik niet overtuigd was door zijn argument. Hij vervolgde: "In India spelen slangenbezweerders op de fluit en de cobra's komen overeind terwijl ze naar de muziek luisteren. De cobra voelt zich niet uitgedaagd, maar juist op zijn gemak door de prachtige muziek waarmee de cobra in harmonie is."

"In theorie geweldig," gaf ik toe, "maar aangezien we geen professionele slangenbezweerders zijn, wat doen we met deze slangen? Blijven we de brandweer bellen om ze weg te halen? Vangen we ze zelf om ze naar het bos te brengen? Of moeten we met ze samenleven?"

"Er is een groter vraagstuk," zei hij, waaruit bleek dat hij probeerde het dilemma op te lossen dat ons mensen zorgen baarde. "Omdat mijn energie de slangen aantrekt, moet Prajnaparamita kiezen of ik blijf of wegga. Ik kan weggaan tegen de tijd dat jij dat ook doet of ik kan een ander hologram met hoge frequentie maken om hier te blijven. Als ik blijf, wil ik met rust gelaten worden en alleen eens in de paar maanden gestoord worden om as van een havan ceremonie te krijgen."

"Als ik wegga, zullen de slangen niet zo geïnteresseerd zijn om te blijven," zei hij. "Maar Tanis, jij bent hier ook een brandpunt van slangenenergie. Het is geen toeval dat de slangen in de omheinde boomgaard komen om dichter bij jou te zijn. Het is goed voor iedereen dat je je met dit land verbonden hebt; toch raad ik je aan om je etherische energie te verwijderen wanneer je vertrekt. Door dit te doen, zullen slangen niet meer aangetrokken worden tot de boomgaard."

"Ik wil delen wat je hebt gezegd met Prajnaparamita en ik spreek je morgen," zei ik terwijl ik opstond om te vertrekken. "Morgen is het Pinksteren, wat een belangrijke dag voor me is omdat er op die dag zoveel ongelooflijke dingen zijn gebeurd. Een vriend komt me gezelschap houden met Pinksteren en ik wil me graag voorbereiden voor zijn komst."

Ik verliet het bos en liep snel terug naar mijn kamer. Toen ik om de hoek van een gebouw kwam ongeveer 8 meter van mijn deur af, zag ik twee mensen aandachtig naar een muur staren. Een van hen was Denis, een man die fulltime bij de ashram werkt. De andere was Marianne, die, toen ik wegging vanochtend, vlakbij planten aan het snoeien was.

"Wat gebeurt er," vroeg ik geïntrigeerd. "Waar kijken jullie naar?"

"Ik heb nog een adder gevonden, een kleintje, en die heeft zich om die pijp gekruld," antwoordde Marianne terwijl ze wees. En ja hoor, daar was hij: adder nummer twee. De baby adder zag er ongevaarlijk en bang uit. "Wat ga je doen?" vroeg ik, hopend op een goede oplossing. "Ik probeer hem te vangen," zei Denis. Met een spade was hij bezig de stenen rond de kleine slang te verwijderen. De brandweer arriveerde en Denis gaf de kleine adder aan hen om verwijderd te worden van het landgoed. Ik ging terug naar mijn kamer denkend aan de baby adder. Er was duidelijk een grote moederadder in de buurt en waarschijnlijk ook andere kleine adders. De lunch stond er aan te komen, maar ik had tijd om te mediteren en al mijn energie te verwijderen die de slangen zou kunnen aantrekken.

Tijdens onze maaltijd vroeg Prajnaparamita, niet onverwacht: "Denk je dat de draak de slangen aantrekt?"

"Ja," antwoordde ik, "net als de vuurceremonies en de spirituele aard van de meditatie en ceremonies die jullie hier doen. Slangen worden aangetrokken door deze hoge spirituele energie. Ook het feit dat de draak dagelijks met me praat trekt de slangen aan. Ik denk dat het beter zal zijn als ik vertrek. Een hologram van de draak kan hier blijven, of, als je dat liever hebt, kun je hem vragen te vertrekken. Het is jouw beslissing."

Omdat ik opmerkte dat Prajnaparamita geïnteresseerd was in wat ik zei, bood ik aan: "Ik heb de gesprekken met de draak opgenomen en als je wilt, kan ik afspelen wat de draak vandaag zei. Ik vertaal in het Engels wat ik hem telepathisch hoor zeggen."

"Ja, dat zou ik wel willen," antwoordde ze, terwijl ze opstond van haar stoel en tegelijkertijd vroeg: "Wil je thee?"

We gingen op de sofa zitten en terwijl we thee dronken, legde ik uit: "Het is heel ruwe informatie. Ik ontvang telepathisch veel informatie in mijn lichaam en geheugen dat niet is vastgelegd op mijn mobiele telefoon. Daarom speel ik nooit onbewerkt materiaal af voor anderen, maar ik maak graag een uitzondering zodat je tenminste gedeeltelijk kunt horen wat de draak zei."

Ik startte de opname en speelde het gedeelte af dat ik die dag op mijn iPhone had opgenomen. Prajnaparamita leunde voorover, gefascineerd door wat ze hoorde. We pauzeerden de opname vele malen om verschillende dingen die de draak zei te bespreken. Het was een nieuwe ervaring voor me om informatie zo vroeg in het proces van ontvangen te delen. Zodra de opname klaar was, keken we op de klok en wisten we dat het tijd was om naar de boomgaard te gaan om les te geven.

"Ga maar alvast," zei ze.

Ik vertrok en wachtte met de groep tot Prajnaparamita arriveerde met een klein pakje. "Ik heb een cadeautje voor je," glimlachte ze, terwijl ze me een prachtig roze buideltje bedekt met goud geborduurde rozen overhandigde.

Ik hield het buideltje vast en voelde, zonder het koordje los te maken, een hard ovaal voorwerp binnenin. "Ik heb het gevoel dat ik weet wat dit is," zei ik blij verrast tegen haar. "Zal ik het openmaken?"

"Als je wilt," zei ze stralend.

Ik stak mijn hand in het buideltje en haalde er een prachtig kristallen ei uit, gewikkeld in handgeschilderde zijde.

"Heel erg bedankt. Ik zal het op mijn altaar leggen als ik thuiskom." We wisten allebei dat het ei mijn werk met de draak vertegenwoordigde. Wat een prachtig geschenk en zegen om van haar te ontvangen.

"Maar dat is nog niet alles," zei Prajnaparamita, terwijl ze met haar hand zwaaide om de anderen, die glimlachten, erbij te betrekken.

"Ze hebben een *Grandmother's Healing Haka* geoefend die we van een Maori-medicijnman hebben geleerd toen we Nieuw-Zeeland bezochten en ze zijn klaar om hem uit te voeren om je te bedanken voor je komst."

"Fantastisch," zei ik opgewonden. Elke ochtend hoorde ik Maori-gezang op de binnenplaats buiten mijn raam, maar de groep had me gevraagd niet te kijken en ik had gehoorzaamd, omdat ik wist dat ze me wilden verrassen met iets speciaals... en ik ben dol op cadeaus. Iedereen toch?

We gingen allemaal naar een plek in de boomgaard waar ze zich vrij konden bewegen. De mannen stelden zich op aan de ene kant en de vrouwen stelden zich op aan de andere kant tegenover de mannen. Samen dansten de mannen voorwaarts naar de vrouwen, terwijl ze een 'haka' zongen. Daarna trokken ze zich terug als de golven van de oceaan, gevolgd door de vrouwen die gezamenlijk al zingend naar de mannen toe dansten. Het was absoluut prachtig, opbeurend en inspirerend. Het is verbazingwekkend wat Prajnaparamita in slechts 12 jaar heeft gecreëerd. Gezonde boomgaarden en tuinen, diepgaande meditaties en muziek. Haar ashram is vol en rijk – zowel fysiek als spiritueel.

Na de haka vertrok ik om mijn vriend Christoph te verwelkomen. Ik had Prajnaparamita verteld over zijn werk met boeren en bijen en ik was blij dat ze hem had uitgenodigd voor het diner.

We genoten van onze maaltijd toen Prajnaparamita hem vroeg: "Vertel me over je werk."

Christoph antwoordde: " Mijn landbouwopleiding en praktijk-ervaring zijn heel divers. Op één boerderij heb ik met paarden gewerkt, op een andere heb ik druivenstokken gesnoeid en op weer een andere heb ik fruitbomen verzorgd. Ik heb jarenlange ervaring op vele gebieden van landbouw en veeteelt. Ik leerde ook de moderne landbouwtechnologie begrijpen en beheersen. Een deel van mijn werk bestond uit het invallen voor boeren die vakantie nodig hadden en ik had het geluk dat ik door het hele Zwarte Woud kon reizen om op verschillende soorten boerderijen te werken. Ik heb veel intensieve ervaringen opgedaan met boeren, waardoor ik een divers en positief beeld heb gekregen van dit beroep. Dit heeft mij geholpen bij mijn huidige werk, namelijk het helpen opbouwen van contacten en relaties tussen kleinschalige boeren en consumenten."

Prajnaparamita luisterde aandachtig. Toen hij uitgesproken was, vroeg ze: "Ik weet dat je vandaag uit Duitsland bent komen rijden, maar als je niet te moe bent, wil ik je graag meenemen voor een rondleiding over het landgoed. We hebben drie nieuwe bijenkorven geplaatst en ik wil graag horen wat je te zeggen hebt over hoe we bijen kunnen aantrekken." "Ik wil graag helpen," antwoordde Christoph terwijl hij uit zijn stoel opstond. Christoph is altijd bereid om anderen te helpen en als dat inhoudt anderen helpen met agrarische zaken, is hij dubbel zo enthousiast.

Prajnaparamita nodigde haar volgelingen uit om met ons mee te gaan en samen gingen we op pad. Het begon al te schemeren toen we eindelijk bij de lege bijenkorven arriveerden. Christoph inspecteerde de bijenkorven en de groep ging om hem heen staan om al zijn kennis over het houden van bijen te horen.

Christoph realiseerde zich dat geen van hen ervaring had met het houden van bijen, dus hield hij zijn praatje algemeen. " Honingbijen zijn sociale dieren en het is belangrijk om je in hen te verdiepen," zei hij. "Wat is hun levenscyclus? Wat hebben ze nodig om gezond te blijven? Hoe komen ze de winter door?"

Hij sprak ook over de varroamijt die grote schade aanricht onder bijen in Europa. De groep luisterde aandachtig. Hoewel ik hen spirituele meditatieve hulp had gegeven om de bijen aan te trekken, gaf hij praktische, concrete adviezen die ze gretig tot zich namen. Hopelijk zouden de bijen snel komen.

De zon ging onder en het werd donker toen we naar huis gingen. Het was een erg volle dag geweest. Ik trok me bijna onmiddellijk terug op mijn kamer, zodat ik 's ochtends uitgerust zou zijn voor Pinksteren en Christoph, moe van zijn lange rit uit Duitsland, deed hetzelfde.

Pinksteren, Kundalini en Babaji

Prajnaparamita is meer gericht op boeddhistische en hindoeïstische gebruiken en beschouwt Pinksteren niet als een speciale dag. Ik voel echter een sterke band met de christelijke traditie en Pinksteren is belangrijk voor me. Pinksteren, als je de term niet kent, is het moment waarop het vuur van de Heilige Geest neerdaalde op de hoofden van de discipelen van Jezus en ze verlicht werden. Ik heb veel onverwachte en verbazingwekkende gebeurtenissen met vuur meegemaakt op die dag en een van de meest dramatische vond plaats tijdens een retraite die meer dan 30 jaar geleden werd geleid door Jean Houston, een Amerikaanse auteur en opinieleider die betrokken was bij de Human Potential Movement.

Het was de avond van Pinksteren en 60 deelnemers aan de retraite liepen in stilte in één rij door een labyrint in het donker. Ieder van ons hield een brandende kaars vast en ik was diep in gebed toen de vrouw die achter me liep me plotseling op mijn hoofd begon te slaan en riep: "Brand! Ze staat in brand!" Binnen een paar seconden kwamen er mensen aanrennen. Ze omringden me en bleven verschroeid haar van de bovenkant van mijn hoofd vegen. De vrouw, natuurlijk overstuur en nerveus over wat er was gebeurd, vertelde de omstanders: "Ik liep achter haar en de vlam van mijn kaars sprong echt over naar de bovenkant van haar hoofd." Ook ik was verbijsterd door wat er was gebeurd en wist niet wat ik van de ervaring moest denken toen een vriendelijke omstander me haar spiegel gaf en ik de schade bekeek. En ja hoor, er was een grote kale plek precies op de plek waar de tonsuur van een monnik zou zijn.

Nu, drie decennia later, ben ik in Frankrijk en ik hoopte dat mijn drakenbroer licht zou kunnen werpen op wat deze en mijn andere pinksterervaringen met vuur betekenden. Het was mijn laatste dag in de ashram, dus na het ontbijt liet ik Christoph alleen om over het landgoed te wandelen en ging ik met Jake praten.

Jake ging onmiddellijk op mijn onuitgesproken vraag in. "Dat je zoveel ervaringen met vuur hebt gehad op Pinksteren, komt door je drakenafstamming van zowel je menselijke moeder als je menselijke vader. Je menselijke moeder stamde af van de waterdrakenlijn en je menselijke vader van een vuurdraak. Bovendien is jouw vader en de mijne in de drakenwereld een robijnrode draak."

Ik was Jake gaan beschouwen als een indigo draak, dus ik moet verbijsterd hebben gekeken, want hij zei uit eigen beweging: "Ja, je hebt gelijk, ik stam voornamelijk af van de indigolijn, maar ik heb robijnrode ondertonen via onze vader. Je menselijke vader had ook zowel de indigo als de robijnrode afstamming. Onze indigo afstamming kan de energie katalyseren die nodig is voor spirituele transformatie om verbinding te maken met de Bron van Alles en de robijnrode afstamming voegt meer kracht toe aan dit proces. Je hebt vuurdrakenenergie ontvangen van zowel je menselijke ouders als je drakenouders."

"Stop! Ik heb een paar vragen," onderbrak ik, overweldigd door wat hij zei. "Ik ben een mens, dus hoe kan ik een drakenvader hebben en hoe kan hij dezelfde zijn als die van jou? Je hebt me je nestzus genoemd en over onze broedmoeder gesproken. Het is op fysiek niveau moeilijk voor me om te accepteren wat je zegt, hoewel ik metaforisch gezien accepteer dat je mijn drakenbroer en vriend op het spirituele pad bent. Op deze manier beschouw ik mijn relatie met jou als een eer."

"Ik realiseer me dat je jezelf momenteel als mens ziet en dat je moeite hebt om je drakenafstamming volledig te accepteren, maar er komt een tijd dat je dit zult erkennen. Stel ondertussen je oordeel uit en blijf openstaan voor de mogelijkheid dat je mijn nestzus bent en dat we dezelfde vader en moeder hebben in de drakenwereld."

"Oké. Ik zal het proberen." Ik was het er in principe mee eens dat Jake en ik misschien dezelfde drakenvader hadden - wat dat ook mocht betekenen - maar het ging me te ver om te accepteren dat mijn menselijke vader ook van draken afstamde. Hoe was dat mogelijk?

"Ik heb nog een vraag. Hoe kan mijn menselijke vader van dezelfde indigo en robijnrode drakenlijn afstammen als die van jou?"

"Ik spreek over afstammingslijnen van de ziel, niet over afstammingslijnen van de persoonlijkheid, en afstammingslijnen van de ziel zijn hetzelfde in alle werelden. Je zult spiritueel moeten groeien om te begrijpen wat ik je nu ga vertellen: je verwekker in de mensenwereld is verwant aan je verwekker in de drakenwereld, dus hij en ik zijn ook verwant."

"Oh mijn God," antwoordde ik overdonderd. "Dit is nogal wat. Ik heb tijd nodig om na te denken over wat je zegt."

"Ik weet het," antwoordde Jake. "Overhaast niets en laat alles rustig op je afkomen."

Terwijl ik me concentreerde op ontspannen en het loslaten van 'ik moet weten hoe dat zit' vragen, zei Jake: "Ik wil graag bespreken hoe draken de energie in het menselijk lichaam doen ontbranden. Gisteren had ik het over slangen en hun relatie met de kundalini energie in je lichaam. Deze slang- of draakachtige energie kronkelt door je zeven chakra's om verlichting te katalyseren."

"Stop. Wat heeft dit met draken te maken?" Ik realiseerde me dat ik twistziek klonk, maar ik moest me in teveel bochten wringen om de informatie die hij me gaf tot me te nemen en ik kreeg er pijn van in mijn buik. Jake merkte mijn probleem op en besloot me een plezier te doen door gas terug te nemen en het eenvoudiger uit te leggen.

"Wij draken werken samen met de Bron van Alles, de Heilige Geest zouden jullie zeggen, om deze energie die door jullie chakra's beweegt te katalyseren. Het is nuttig om te begrijpen welke evolutiestadia de mensheid kent en wat er nu moet gebeuren. De mensheid ontwikkelt zich, waarbij het pad gevolgd wordt van de chakra's van onder naar boven. Ten eerste moet Spirit de energie in het wortelchakra, dat verbonden is met het fysieke lichaam en de Aarde, katalyseren. Nadat je geleerd hebt hoe je jezelf kunt aarden in je fysieke lichaam, verplaatst de energie zich naar het tweede chakra - dat van persoonlijke relaties. Als je eenmaal hebt geleerd om positieve persoonlijke relaties te hebben, beweegt de energie zich naar het derde chakra, de zonnevlecht. In dit chakra houd je je bezig met het manifesteren van je identiteit. Wat is jouw geschenk aan de wereld, aan anderen, aan jezelf?

Van daaruit verplaatst de energie zich naar het hart. Nadat je je gave hebt ontdekt, is het tijd om dienstbaar te zijn aan anderen. In je hartchakra beweeg je van gericht zijn op jezelf naar dienstbaarheid aan anderen. Op dit moment is dat waar de mensheid zich op moet richten. Het heeft geen zin om over de hogere chakra's te praten, omdat we ons willen richten op het vuur in jullie hart. Dit is wat de draken van onze afstammingslijn op dit moment in jullie willen katalyseren."

"Wacht even!" Ik onderbrak hem voordat hij verder kon gaan. Ik was me ervan bewust dat ik defensief was; ik verzette me echter om verschillende redenen tegen wat hij zei, onder andere omdat het pad dat ik volgde het belang van het derde oog benadrukte - wat Jake negeerde.

"Paramahansa Yogananda en de afstammingslijn waartoe hij behoort," zei ik, "waartoe trouwens ook Mahavatar Babaji behoort, die mij aanraadde om met draken te spreken, zegt dat de focus in meditatie op het derde oog moet liggen, het zesde chakra, dat het pad terug is naar de Bron van Alles. Er lijkt een discrepantie te zijn tussen hun aanwijzingen en die van jou."

"Jouw derde oog," antwoordde Jake, terwijl hij me geduldig aankeek, "is behoorlijk open, wat je kracht geeft in intuïtie, maar jij en de mensheid moeten het hart ontwikkelen. Er moet geen scheiding zijn, geen grenzen in je gedachten en gevoelens tussen jezelf en anderen. Dit is de tijd van samensmelting met anderen. Dit is de tijd van wereldwijd bewustzijn. Alle landen zullen samensmelten tot één.. één mensheid. Dit is onze Pinksterboodschap, niet alleen voor jou maar ook voor anderen. Wij draken ontsteken het vuur van dienstbaarheid in jullie hart en op jullie planeet. Er mogen geen 'anderen' zijn, geen ongewenste personen, geen voorkeuren. Alle wezens zijn JOU."

Ik moest toegeven dat zijn antwoord logisch klonk, maar ik was nog niet helemaal overtuigd en er moesten nog wat losse eindjes aan elkaar geknoopt worden, voordat ik alles wat hij zei kon accepteren. "Ik heb er nooit over nagedacht dat draken met mijn energie werken en, om je de waarheid te zeggen, is dit moeilijk te geloven," merkte ik op. "Je komt tenslotte niet eens van onze aardse wereld. En wat heb jij te maken met Pinksteren, een heilige dag in het christendom?"

"Sta me toe het uit te leggen," zei hij alsof hij tegen een trage leerling sprak. "De vlam van de Heilige Geest, die de Bron van Alles is, daalde neer op de hoofden van de discipelen om hun spirituele kracht te katalyseren. En waar kwam dit vuur tot rust? In hun hart. Dit gaf hen de kracht om naar vele landen te reizen en alle mensen te omarmen en lief te hebben. Deze vlam van liefde, wijsheid en goddelijke wil was in hun harten verankerd en versmolten tot één. Laat me dit herhalen zodat je het duidelijk begrijpt: de drievoudige vlam in je hart van liefde, wijsheid en goddelijke wil zal versmelten tot één vlam. Dit is het proces dat jij en de hele mensheid momenteel moeten doormaken."

"Waarom spreek je hier vandaag over?" vroeg ik.

"De Bron van Alles stond me toe je te onderwijzen wat en wanneer ik maar zou willen. Maar omdat je met Pinksteren zoveel ervaringen met vuur hebt gehad, stond je er al voor open om onze boodschap van vandaag te horen en het maakte duidelijk dat ik vandaag zou spreken over het samensmelten van de drievoudige vlam in je hart. Deze vlam van de Bron van Alles werkt door ons draken heen om spirituele transformatie in mensen te katalyseren. Op dezelfde manier assisteren wij bij de geboorte van de Aarde in bewustzijn. Zij is aan het samensmelten, samensmelten met het bewustzijn van de Bron van Alles."

Terwijl mijn drakenbroer sprak, zag ik Gaia, de Aarde, in frequentie stijgen en zag ik dat LIEFDE haar sterkste kwaliteit was. Hoewel ik haar altijd als een levend wezen heb gezien, was het de eerste keer dat ik emotioneel voelde dat Gaia een hogere versie van onze menselijke chakra's had. Intellectueel heb ik jarenlang gesproken over haar stijging in frequentie, maar ik had nog nooit haar liefde gevoeld die dit transformatieproces begeleidde. Mijn drakenbroer had op deze heilige Pinksterdag een poort geopend in mijn hartchakra naar het hart van Gaia. Ik stond versteld van de fysieke en emotionele openbaring die in mij plaatsvond. Ik kon de energie van liefde voelen bewegen tussen Gaia en mijn hart en ik wilde de rol van de draak hierin beter begrijpen.

"Wat doen jullie precies om Gaia te helpen in bewustzijn te stijgen?" vroeg ik. "De nieuwe frequentie van Gaia," antwoordde Jake, "is momenteel te hoog en te sterk voor de wezens die op haar leven. Daarom werden wij draken gevraagd, bevolen, in overweging gegeven, gesmeekt - er is geen juist woord voor in jullie woordenschat - om het vuil van de gedachtevormen die mensen en dieren en andere wezens op deze planeet hebben gecreëerd te verbranden. Ons werd gevraagd om te helpen zuiveren wat de mensheid heeft weggeleid van het directe pad naar de Bron van Alles. De energie van de vier (en meer) elementen beweegt door ons heen om deze transformatie te ondersteunen. Deze verandering zal het 'ik' en het 'wij' samenvoegen. De barrières die ieder van jullie van anderen scheidt, zullen doorbroken worden. Het is tijd dat dit gebeurt."

"Oké, je hebt uitgelegd wat jullie doen voor de Aarde en de mensheid, maar WAAROM, van alle wezens in het universum, hebben DRAKEN deze opdracht gekregen?"

"Met onze kwaliteiten van magie, wijsheid en transmutatievuur zijn wij draken alchemisten van de hoogste orde. Je hebt dit talent zelf ook."

"Hoe weet je dat?" vroeg ik nieuwsgierig.

"Hoe kan ik dat niet weten?" antwoordde hij glimlachend. "Zelfs al zou ik je gedachten niet net zo duidelijk kunnen horen als mijn eigen gedachten, ik kan dat in je energie zien. Je wordt verteerd door het vuur van transmutatie van binnen uit en de drievoudige vlam versmelt tot één in je hart. Dit proces is al tientallen jaren aan de gang en is bijna voltooid. Hoe dan ook, dat is alles wat ik wil zeggen." Jake sloot zijn ogen en trok zijn energie terug. Het was alsof hij een deur had gesloten. Ik besloot met Prajnaparamita te gaan praten over wegen naar verlichting om te ontdekken of ik Yogananda's aanwijzingen kon verenigen met die van mijn drakenvriend. Na de lunch deed de gelegenheid zich voor. We hadden ons teruggetrokken in haar woonkamer voor thee en chocolade toen ik mijn vraag stelde.

"Ik ben ergens over in de war," begon ik. "Yogananda en zijn afstammingslijn van meesters onderwijzen een meditatietechniek waarbij je je op het derde oog concentreert en jezelf er doorheen ziet gaan naar verlichting. De draak zegt echter dat de mensheid zich moet concentreren op het hart."

"Beide zijn waar," antwoordde Prajnaparamita. "Er zijn evenveel paden als mensen die ze bewandelen. Het allerbeste pad is het pad dat jouw ontwaken het beste dient. Sommige mensen zijn van nature vroom, sommigen gedijen het best als ze dienstbaar zijn, sommigen zijn zeer scherpzinnig en anderen geven zich gewoon over. Vrouwelijke en mannelijke kwaliteiten ontwaken in iedereen," ging ze verder. "Een heldere geest verwarmt het hart en een warm hart zal de geest verhelderen. Er is geen 'jnani' (volgeling op het pad van wijsheid) zonder een innerlijke 'bhakta' (volgeling op het pad van liefde) en in elke bhakta ontwaakt een jnani. Wijsheid en Liefde zijn Eén. De bhakta komt tot helderheid, de jnani wordt overmand met liefde. Het pad van inzicht leidt je naar overgave, het pad van overgave leidt je naar inzicht. Ontwaken is totaal."

"Dat helpt," zei ik tegen haar, "Ik heb altijd gevoeld dat mijn kracht wijsheid was, maar toch is het ontwikkelen van liefde mijn belangrijkste focus. Ook benadrukt Yogananda voortdurend dat alles wat we dagelijks doen, moeten doen met toewijding aan het goddelijke. Dat is het pad van Liefde."

Prajnaparamita had op zo'n heldere, eenvoudige manier de vinger gelegd op een vraag die me al heel lang bezig hield. Ik voelde wijsheid en liefde samensmelten in mijn hart en het proces, dat mijn drakenbroer eerder in gang had gezet, ging door toen mijn hart zich nog verder opende door haar woorden.

Het was mijn laatste dag in La Roseraie de Sacha en ik hoefde geen les te geven, dus besloot ik terug te gaan naar mijn drakenbroer om nog een paar vragen te stellen. Het was halverwege de middag en bloedheet tegen de tijd dat ik aankwam op mijn gebruikelijke plek. Op zoek naar meer schaduw schoof ik mijn stoel dichter bij de draak, die leek te slapen. Toen ik mijn stoel verzette, vlogen zijn ogen open.

"Ja?" vroeg Jake, terwijl hij zijn lange, puntige tanden liet zien.

Ik schoof mijn stoel snel twee passen naar achteren en concentreerde me op wat ik wilde vragen.

"Het viel me op dat je me nog steeds niets hebt verteld over je relatie met Mahavatar Babaji. Hij was per slot van rekening degene die me opdroeg om met draken te spreken."

"Goed," zei hij. "Ik was van plan om het over hem te hebben als ik het leven in onze drakenwereld zou bespreken; toch kan ik je nu een voorproefje geven. Mahavatar Babaji is vaak in onze wereld geweest en hij is een heilige voor ons. Veel grootse wezens zijn naar onze wereld gekomen om met ons samen te werken, net zoals draken naar andere werelden gaan om andere rassen te helpen. Liefde en mededogen - kwaliteiten waar de mensheid veel waarde aan hecht - zijn niet onze sterkste gaven of tenminste niet op de manier waarop jij ze zou zien, voelen of kennen. Daarom is Mahavatar Babaji in onze wereld geweest om draken te helpen de kracht van liefde en mededogen op een dieper niveau te leren kennen."

"Ik vind het interessant," onderbrak ik, "dat je mij en andere mensen vertelt dat we liefde in ons hart moeten ontwikkelen terwijl jij hetzelfde moet doen. Het lijkt me een vreemde boodschap voor jou om te onderwijzen als het je zwakte is."

"Je hebt maar de helft begrepen van wat ik je geadviseerd heb te ontwikkelen," antwoordde hij ongeduldig. "Alle drie de aspecten van liefde, wijsheid en goddelijke wil moeten in balans zijn om de drievoudige vlam in je hart te verenigen."

Terwijl hij me met een sluwe blik aankeek, stelde hij de vraag: "Welke vlam is volgens jou de kracht van draken?"

"Ik zou zeggen de goddelijke wil," antwoordde ik terwijl ik naar zijn tanden keek, "maar je noemde eerder wijsheid als een van je kwaliteiten."

"Correct," zei hij, "de macht van draken is hun kracht; wat ons verzwakt, vermijden we. Elk ras heeft een gave, een kracht en een zwakte. En, om je oorspronkelijke vraag te beantwoorden, Mahavatar Babaji helpt ons op twee manieren. Ten eerste heeft hij zo'n sterke wil dat hij onze kracht kan matigen zodat we beter met de mensheid kunnen samenwerken. Ten tweede heeft hij zo'n sterke liefde en mededogen dat hij ons helpt mededogen voor en dienstbaarheid aan andere rassen te ontwikkelen."

"Je zegt dat Mahavatar Babaji jullie drakenwereld bezoekt. Manifesteert hij zich in een menselijk lichaam zoals op Aarde?"

"Hij kan kiezen. Hij kan een menselijk lichaam of een drakenlichaam manifesteren, of hij kan een hologram van beide vormen naar onze wereld sturen op dezelfde manier waarop wij hologrammen naar jou sturen. Hij heeft beide gedaan. Het voordeel van het manifesteren van een lichaam is dat de fysieke band tussen hem en ons sterker is. Een van zijn grootste verdiensten is het assisteren van individuen en evoluerende rassen. Hij is gespecialiseerd in het geven van aanwijzingen aan zowel individuen als rassen over wat ze nodig hebben voor de volgende stap in hun ontwikkeling."

Hoewel ik gefascineerd was door wat ik hoorde, begon ik door de hitte en mijn volle maag in slaap te vallen.

"Wakker worden!" riep Jake en ik was meteen volledig wakker met een bonzend hart.

"Na het eten van een grote maaltijd is het moeilijk voor je om je aandacht erbij te houden en niet je bewustzijn te verliezen." Hij besloot zijn volume te verlagen en vervolgde: "Het is een aanslag op je fysieke lichaam, maar het is een nog grotere aanslag op je spirituele lichaam om met ons in zulke hoge frequenties te praten. Je zit aan je maximum van wat je op dit moment aankan. Neem de tijd om te ontspannen. Zorg voor jezelf vanmiddag. Laad jezelf op. Je moet jezelf wijden aan het luisteren naar ons en het schrijven. Dat is de beste dienst die je kunt verlenen. Net zoals je gevraagd werd om de wereld van de elementalen aan de mensheid te presenteren, moet je ook de wereld van de draken presenteren. Mensen moeten zich ervan bewust zijn dat draken hier al zijn en de Aarde aan het baren zijn."

"Je zei net dat ik aan de grens zat van wat ik spiritueel aan kan. Wat als de informatie die je wilt overbrengen mijn capaciteiten te boven gaat?"

"Er bestaat niet zoiets als incompetentie of ontoereikendheid. Jij bent, net als ik, voorbereid en gekozen voor dit doel," zei hij, terwijl hij met overdreven geduld diep uitademde.

Ik nam afscheid van Jake, stond langzaam op, zette mijn zonnebril en zonnehoed op en liep terug naar mijn kamer, waar ik in bed plofte. Christoph en ik zouden de volgende ochtend aan de acht uur durende rit naar Duitsland beginnen en ik had een goede nachtrust nodig. Ik keek ernaar uit om een dag of twee niet met Jake te hoeven praten, terwijl ik tegelijkertijd hoopte dat hij in Duitsland zou zijn om ons gesprek voort te zetten. Tot nu toe had mijn drakenbroer de onderwerpen bepaald waarvan hij wilde dat ik er kennis van nam, maar ik had hem nog veel vragen te stellen.

Draken en Hologrammen

Laat me iets vertellen over Christoph. We ontmoetten elkaar 20 jaar geleden voor het eerst in Zuid-Duitsland, toen hij deelnam aan een workshop die ik gaf over het werken met elementalen. Het helpen van de Aarde had zijn hele leven al zijn interesse, want hij was opgeleid tot biologisch-dynamische boer. Sindsdien hebben Christoph en zijn vrouw Katharina bij mij gestudeerd en hebben ze mij en mijn partner Simon vaak bezocht in Canada en hebben we hen bezocht in Duitsland. Helaas is Katharina een paar jaar geleden overleden, maar Christoph blijft mijn workshops en meditatieretraites in Europa organiseren en we zijn goede vrienden geworden. Hij woont in het Zwarte Woud op een groot landgoed met fruitbomen, bijen en een weide met daarachter een prachtig bos.

De ochtend na onze lange rit van Frankrijk naar Duitsland, waren we aan het ontbijten toen Christoph aankondigde: "Ik moet naar de bijen gaan kijken, wil je mee?"

Hij gaf me een imkersnet om over mijn hoofd te doen terwijl hij de volledige outfit aantrok, en we gingen op weg over het pad naar de hut waar de bijenkorven stonden. De hut lag in de schaduw aan de rand van een weiland vol wilde bloemen. De locatie was een hemel voor bijen. Christoph maakte het net over zijn hoofd goed vast en ging de hut binnen om te zien wat er tijdens zijn driedaagse afwezigheid was gebeurd. Ik bleef buiten en wachtte op een teken om naar binnen te gaan. Nog geen minuut later riep hij: "Tanis, kom eens kijken. Het is ongelooflijk."

Bij mij thuis in Canada zorg ik voor wilde metselbijen, maar ik hou geen honingbijen, dus ik wist niet zeker wat ik moest zien.

Christoph pakte een platte bak van gaas die bedekt was met honderden bijen en wees naar de honingkegels die erin zaten. "De bak stond niet opgesteld in een bijenkast; toch zijn de bijen erop afgekomen," zei hij stralend. "Ik heb nog nooit zoiets gezien. Ik had geen tijd om de kast te bouwen en de bakken erin te stapelen voordat ik naar Frankrijk reed, dus heb ik de lege bak op de plank naast de andere bijenkorf laten staan."

We keken elkaar aan en begonnen te lachen. "Ik denk dat onze meditatie om de bijen naar de bijenkorf in Frankrijk te roepen ze hierheen heeft gebracht," zei ik. "Absoluut," beaamde hij. "Kijk, hier is een koningin, dus het wordt een gezonde bijenkorf. Ik moet meteen de andere bijenkorf voor ze in orde maken."

Vele maanden later vertelde Christoph me dat de nieuwe bijenkorf twee keer zoveel honing produceerde als al zijn andere. Het is altijd goed om herinnerd te worden aan de kracht van meditatie om te manifesteren wat je wilt.

Nadat ik hem had achtergelaten om de nieuwe nestkast te bouwen, ging ik op zoek naar een plek waarvan ik dacht dat mijn drakenvriend die wel leuk zou vinden. Ik koos een half zonnige, half schaduwrijke, rustige plek bij een riviertje. We zouden daar niet gestoord worden en hij zou ruimte hebben om te landen en zich op zijn gemak te voelen. Toch, toen ik ging zitten, wist ik niet zeker of Jake zou komen. Luisterend naar het zachte gezang van de nabijgelegen rivier sloot ik mijn ogen, haalde een paar keer diep adem en ging telepathisch naar hem op zoek. Hij verscheen meteen in de schaduw en zijn donkere lichaam ging op in de achtergrond. "Wees niet bang, ik ben van plan ons gesprek voort te zetten," zei hij, terwijl hij mijn twijfels oppikte. "Je moet echter begrijpen dat jouw menselijke tijd en onze drakentijd niet hetzelfde zijn. Als er voor jullie een hele dag voorbij is, is het voor ons maar een minuut. Jij hebt een jaar gewacht om met mij te spreken, maar voor mij was het meer een dag in mijn drakenwereld. We zijn niet onsterfelijk, maar we leven extreem lang. Mensen zullen ook erg lang leven als ze in de hogere astrale frequentie verblijven waarin wij leven."

"Wanneer zal dat zijn?" vroeg ik, hopend dat het antwoord de tegenwoordige tijd zou inhouden en niet de verre toekomst.

"Het ligt niet ver in jullie toekomst, dus maak je geen zorgen. Wegbereiders in jullie wereld hebben al toegang tot hogere astrale en causale rijken, en de mensheid als geheel beweegt zich momenteel bewust door lagere astrale werelden. Er zijn vele frequentie niveaus en werelden in de astrale sfeer. Als individuen zich op positieve en niet op negatieve emoties concentreren, zal hun frequentie stijgen. Sommige individuen zullen wezens uit deze werelden gaan horen spreken; anderen zullen deze werelden in hun dromen zien of er intuïtief een glimp van opvangen of een visioen van krijgen."

"Dat is hoopvol," zei ik, gerustgesteld dat de mensheid in beweging was. "Toch maak ik me op dit moment persoonlijk zorgen over mijn vermogen om nauwkeurig te horen wat je zegt. Dit is essentieel als ik de verantwoordelijkheid heb om een boek te schrijven om je informatie door te geven."

" Je kunt onze wereld alleen begrijpen als je de manier begrijpt, waarop ik onderwijs," antwoordde Jake. "We leggen het fundament van begrip in je cellen, zodat wat we zeggen in jou kan wortelen. Een boek schrijven bestaat niet alleen uit met ons spreken en dan de informatie overbrengen in een boek dat door mensen gelezen kan worden. Nee, nee, nee, nee. Hoe dwaas."

"Wat wil je dan dat ik doe?" vroeg ik verward. "Als het iets is wat ik kan doen, zal ik het doen, je moet echter duidelijk zijn over wat je wilt."

"Juist," antwoordde mijn drakenbroer. "We willen dat je niet alleen een brug bouwt met één dunne draad, maar een brede brug tussen de drakenwereld en de mensenwereld. We hebben contact met je opgenomen omdat het jouw werk is om paden tussen werelden te creëren. Je hebt dit gedaan tussen de mensenwereld en het rijk der elementalen. Nu willen we dat je een pad creërt, zodat mensen vanuit de fysieke frequentie van de Aarde kunnen opstijgen naar de hogere astrale frequenties van onze wereld."

"En jij denkt dat ik hiertoe in staat ben?" vroeg ik, op zoek naar geruststelling. "Het is één ding om met elementalen te werken die in een relatief lage astrale frequentie leven en iets heel anders om met jullie te werken die in een veel hogere frequentie leven."

"Naar de elementaire wereld gaan was makkelijk voor je. Nu willen we dat je buiten je comfortzone treedt. Je hebt het eerder gedaan. Je ging naar hogere frequenties om de informatie te ontvangen voor het schrijven van *Decoding Your Destiny,* dus je kunt het." [3]

"Het duurde 12 jaar voordat ik me competent genoeg voelde om les te geven in wat ik geleerd had toen ik dat boek schreef. En ik was jonger en fitter en..." zei ik.

Jake onderbrak me door te zeggen: "Het duurde 12 jaar omdat je, wat je in de hogere frequenties had geleerd, moest verankeren in de cellen van je fysieke lichaam. Wat mensen niet volledig begrijpen is dat ze nieuwe ideeën, gedachten en overtuigingen van hogere frequenties volledig moeten belichamen. Mensen kunnen niet bevatten wat ik zeg, als het alleen op mentaal niveau begrepen wordt. Het moet leven, in hen leven, wat betekent dat ze oude concepten, oude ideeën, oude rollen moeten verwijderen. Culturele opvattingen en familietradities om naar de werkelijkheid te kijken, loslaten. Alleen dan opent zich de ruimte in de etherische en fysieke werelden waar deze nieuwe frequenties kunnen wortelen."

"Gedurende tientallen jaren," antwoordde ik, "heb ik verouderde gedachtevormen van mijzelf geïdentificeerd en getransformeerd en heb ik anderen geleerd hetzelfde te doen. Is dat wat je zegt?"

"Precies," zei Jake. "Verouderde gedachtevormen moeten worden geëlimineerd en getransformeerd om vruchtbare grond te creëren voor nieuwe, hogere ideeën. Wij draken zeggen 'frequenties' en 'het weten' in plaats van 'ideeën'. De ideologische wereld, waar draken leven, ligt dicht bij de frequentie waar halfgoden en gevorderde menselijke meesters verblijven. Door middel van gedachten kunnen deze wezens vorm creëren in de drakenwereld, maar ook in de fysieke en astrale werelden van de mensheid en de iets hogere astrale wereld van de elementalen."

"Verbazingwekkend dat menselijke meesters dat kunnen. Kun jij dat ook?" vroeg ik.

"Door de elementen aarde, lucht, vuur, water en zelfs hogere elementen in evenwicht te brengen, heb ik een geavanceerde holografische vorm gecreëerd om jou te bereiken. Omdat ik een jonge draak ben, kost het energie om mijn vorm in jouw lagere frequentie te manifesteren. Onze oudere draken kunnen een hologram maken van een wereld en de wezens van die wereld, om jongere draken te leren hoe die wereld eruit ziet. Je zou kunnen zeggen dat deze manier van leren ons equivalent van boeken is."

"Zijn sommige draken die mensen door de eeuwen heen gezien hebben hologrammen geweest?" vroeg ik, om er zeker van te zijn dat ik goed begreep wat hij zei.

"Onze hologrammen zijn zo geavanceerd dat ze voor jou echt lijken," antwoordde Jake. "In feite is wat jij als je fysieke lichaam beschouwt ook een hologram. Alleen het eeuwige deel van jou, het Ik dat Wij is, is echt. Draken die naar jullie wereld komen, kunnen een astraal hologram zijn, zoals ik, of een meer fysiek hologram, zoals jij. Ze zijn waarnemers - behalve de achterblijvers die ik eerder heb besproken - en zowel de waarnemers als de achterblijvers hebben de strikte opdracht om zich niet te bemoeien met de menselijke evolutie. Draken kunnen ook naar het middelpunt van de Aarde gaan om bij de wezens daar te verblijven, en ze kunnen naar andere werelden gaan, zoals die van de zeemeermensen."

"Wacht even," zei ik, terwijl ik mentaal een rood stopteken voor zijn holografische ogen liet knipperen. "Elke keer als je een onderwerp introduceert, zoals dat jij en ik verschillende soorten hologrammen zijn, wil ik er verder over praten, maar jij staat voortdurend te trappelen om over een ander onderwerp te beginnen, zoals wezens in het middelpunt van de Aarde en zeemeermensen. Kunnen we niet stoppen en dieper ingaan op hologrammen, voordat we afdwalen naar zeemeermensen?"

"Hahaha!" lachte hij geamuseerd. "Ten eerste is het niet mijn taak om met jou over zeemeermensen te spreken, dat zal een ander doen."

"Stop! Stop! Hoezo gaat iemand anders met mij over zeemeermensen praten? Je kunt dat niet zomaar in ons gesprek droppen en dan weer verder gaan," zei ik gefrustreerd. "Je hebt gelijk. Ik had waarschijnlijk niets over zeemeermensen moeten zeggen," zei hij enigszins beschaamd, voordat hij snel van onderwerp veranderde. "Voor wat betreft je vraag over hoe jij en ik verschillende soorten hologrammen zijn, ik zal het uitleggen. Hologrammen worden gecreëerd door gedachten. Als je in de causale of astrale werelden bent, creëer je hologrammen door middel van gedachten. Jij noemt ze gedachtevormen. Als je je dan aangetrokken voelt tot de fysieke realiteit, worden deze gedachtevormen uiteindelijk fysieke gedachtevormen waarvan je gelooft dat ze van vaste vorm zijn. Je denkt dat je persoonlijkheid, je 'ik', echt is. Je geloof is onjuist. Het is een gedachtevorm, die ik een hologram noem. Simpel gezegd ben ik een gedachtevorm, of hologram, van een hoger niveau dan jij. De echte jij en de echte ik zijn een ziel, die verenigd is met de Bron van Alles. Is dat duidelijk?"

"Ja, en bedankt dat je de tijd neemt om het uit te leggen. Ik waardeer het als je me de kans geeft om vragen te stellen," antwoordde ik, hem hopelijk aanmoedigend mij die kans ook in de toekomst te geven. "Allemaal goed en wel, maar ik denk dat dit genoeg is voor vandaag," zei Jake, terwijl hij zich terugtrok in de schaduw en verdween.

Nadat hij was vertrokken, bleef ik bij de rivier zitten om te verwerken wat hij had gezegd. Maar al te vaak heb ik de gewoonte om van het ene naar het andere te racen zonder voldoende tijd te nemen om het te verwerken. Zittend bij de rivier ging ik naar aanleiding van ons gesprek in diepe meditatie. Terwijl ik dat deed realiseerde ik me dat het hologram dat ik als 'ik' beschouwde niet alleen in het fysieke, maar ook in het astrale en causale domein bestond. Bovendien, omdat je door middel van gedachten in deze werelden, deze frequenties, kunt reizen, zou ik waarschijnlijk vele werelden kunnen bezoeken. Bijvoorbeeld de drakenwereld. Hoewel het fijn was dat Jake naar mijn wereld was gekomen, was ik nieuwsgierig naar de zijne en ik hoopte dat hij me erheen zou brengen.

Zodra ik deze gedachte had, realiseerde ik me dat ik uit het moment stapte en aan het racen was naar een gewenste toekomst. Om terug te keren naar het hier en nu, haalde ik een paar keer diep adem, sloot mijn ogen en ging verder met mediteren, wetende dat alles perfect was zoals het was en dat geen enkele toekomst wenselijker was dan een andere.

Na een tijdje opende ik langzaam mijn ogen en liep de warme zon in. De weide stond vol met allerlei wilde bloemen en de gezonde planten roken heerlijk. Niets was zo vol leven als waar ik precies op dat moment was. Toen ik mijn oren opende, hoorde ik het blije gekabbel van de rivier, het drukke gezoem van de bijen en werd ik gestreeld door een zachte bries. Mijn zintuigen waren vervuld van schoonheid en ik voelde me enorm dankbaar voor mijn leven op deze prachtige planeet. Ik verlangde er niet langer naar om naar de drakenwereld te vertrekken, maar was volkomen tevreden met waar ik was.

De Evolutie van de Mensheid en de Aarde

Er ging een dag voorbij maar geen draak. Ik had het gevoel dat hij telepathisch had opgepikt dat ik een vrije dag nodig had om me voor te bereiden op een meditatieretraite van een week, die ik in het Zwarte Woud zou geven. Het was een prachtige dag en Christoph en ik maakten een boswandeling, genoten van een heerlijke maaltijd en deden de was. Deze aardende activiteiten vormden een geweldig tegenwicht voor de gesprekken met de draak. Ik was niet langer bezorgd dat Jake onze gesprekken zou beëindigen; daarom kon ik de tijd zonder deze gesprekken erg waarderen.

Fysiek en emotioneel goed uitgerust keerde ik de volgende dag terug naar mijn plek bij de rivier om te horen of mijn drakenbroer met me wilde spreken. Ik hoefde niet lang te wachten voordat hij verscheen.

"Jullie leven zulke nietige levens," begon hij meteen. "Jullie houden niet van het woord 'nietig', maar dit is wat het voor ons is. Onze levens duren heel erg lang. Duizenden en duizenden jaren lang in jullie tijd. Jij denkt dat het leven van een insect of een kolibrie kort is. Wij draken kijken naar jullie op dezelfde manier als jullie kijken naar wezens die niet zo geëvolueerd zijn als jullie."

"Ik ben niet blij met je vergelijking, zeker niet na zo'n geweldige dag als gisteren. Dit is echt een domper." "Laat het me anders zeggen," zei hij, in een poging het fraaier te verwoorden. "Ik heb het over hoe jullie, vergeleken met het draken-bewustzijn, zo onontwikkeld lijken in dit stadium van jullie evolutie." "Kun je dat wat vriendelijker zeggen?" vroeg ik sarcastisch. "Per slot van rekening, koos jij mij, het insect. Ik heb jou niet gekozen om met mij te praten."

Toen hij de humor in mijn toon opmerkte, grinnikte hij en antwoordde: "Jullie bewonderen een kolibrie die snel is en in vier richtingen kan vliegen. Jullie hebben huisdieren, zoals vogels, katten en honden, waarvoor jullie je verantwoordelijk voelen; net zo voelen sommige van onze afstammingslijnen hetzelfde voor jullie."

"Dat is een beetje beter. Mensen - waar ik trouwens zelf ook een van ben – zijn nu veranderd van insecten in honden. Waarom bemoeien jullie je met ons mensen ? Ik weet zeker dat er interessantere wezens zijn om mee om te gaan."

"Wij draken zijn bij jullie vanaf het begin van jullie reis. Toen de Aarde, Gaia, zich vormde en de Bron van Alles een oproep deed om deze nieuwe planeet te helpen katalyseren en geboren te laten worden, kwamen wij. We waren opgewonden en nieuwsgierig omdat ons ras nieuwsgierig is. En als ik zeg opgewonden, dan is het een gevoel van ...hmmm...hmmm, we zullen er vanaf het begin bij zijn. We waren benieuwd naar de ontwikkeling van alle soorten, de Aarde en het zonnestelsel."

"Je hebt het over 'soorten'. Welke soorten bedoel je?" zei ik, om er zeker van te zijn dat ik geen aannames deed.

"De mensheid, vogels, dieren, insecten, edelstenen en kristallen interesseerden ons, hoewel geen soort toen een fysieke vorm had.

Alles bestond slechts als etherisch zaad. Ook waren we geïnteresseerd in elementalen die zich in een astrale frequentiesfeer op jullie planeet zouden ontwikkelen. We wilden betrokken zijn bij de geboorte van jullie langs het pad dat de Bron van Alles aangaf. Wij draken beschikken over de speciale gave die nodig was om de elementen in evenwicht te brengen die op jullie planeet nodig waren om jullie te laten evolueren op de manier die de Bron van Alles geschikt achtte."

"Waren draken van alle leeftijden en afstammingslijnen hierbij betrokken?" vroeg ik, op zoek naar verduidelijking.

Jake leek mijn vragen niet erg te vinden en antwoordde: "Onder ons waren oudere, volwassen en zelfs jonge draken. Jongeren kwamen als leerling om van de ouderen te leren hoe ze kunnen helpen bij de geboorte van een planeet. Onze indigo-stam was specifiek vertegen-woordigd," voegde hij er trots aan toe, "want planeten baren is onze gave. Dit was niet de eerste keer in onze lange geschiedenis dat we betrokken waren bij de geboorte van een planeet."

"Helpen andere rassen op jullie bewustzijns niveau ook bij de geboorte van planeten en zonnestelsels?"

"Natuurlijk. Het is de verantwoordelijkheid van elk individu of ras om degenen die minder ontwikkeld zijn te helpen. Dat weet je, dus waarom vraag je het?"

"Ik vraag om bevestiging. Is dat geen geldige reden?" antwoordde ik, benieuwd naar zijn antwoord.

"Wanneer je in hogere frequenties verkeert, is bevestiging van anderen niet belangrijk omdat je uitgelijnd bent met de Bron van Alles," antwoordde hij vriendelijk. "Toch nemen de verantwoordelijk-heden toe naarmate bewustzijn toeneemt, en omdat onze oudsten in balans zijn met de vier en hogere elementen was hun deelname extra noodzakelijk. Een aspect van de opleiding van onze vorouders tot wijsheid is getuige zijn van de geboorte en evolutie van bewuste rassen op verschillende planeten. Daarom keren we terug om de evolutie van de mensheid en Gaia te observeren en er getuige van te zijn. Alles evolueert in overeenstemming met de ontvouwing van jullie gaven en jullie goddelijk potentieel. Wij hebben geholpen de zaadjes te planten en de juiste omgeving te creëren waarin de zaadjes kunnen groeien."

Ik dacht na over wat mijn drakenbroer zojuist gezegd had, toen hij een onverwacht zijpad insloeg.

" We zijn vooral geïnteresseerd in jullie kristallen en edelstenen. We hebben een talent voor het kennen van het potentieel van elk kristal, elke edelsteen en de bodem waaruit deze mineralen zijn gevormd. Wij hebben een vergelijkbare relatie met mineralen als jullie met planten en dieren. Jullie eten planten en dieren voor energie en in dit stadium van de drakenevolutie zijn mineralen en edelstenen onze energiebron. We weten echter dat het opnemen van energie uit kristallen en edelstenen niet nodig zal zijn in onze toekomstige evolutie."

"Als draken een speciale gave hebben om edelstenen te helpen ontwikkelen, waren er dan andere rassen die hielpen bij de ontwikkeling van de mensheid?" vroeg ik, terugkomend op wat me het meest interesseerde.

"Draken werkten samen met de Els van Sirius aan het geboorteproject. De Els zijn vormscheppers en hun kracht ligt in visualisatie en manifestatie. Hun vorm lag meer in lijn met de menselijke en dierlijke vormen, terwijl draken meer afgestemd waren op de vorm van de Aarde zelf en de mineralenrijken. Dat gezegd hebbende, de menselijke vorm heeft mineralen nodig voor genezing en energie, dus deelden de Els en de draken informatie. Draken hielden zich nadrukkelijk bezig met het samenvoegen van alle elementen in de lagere vormwerelden en het geven van het transmutatievuur aan dit proces. Het vuur dat we uitademen is niet één element. Het werkt met de frequenties van de aarde-, lucht-, vuur- en waterelementen. Ons vuur is katalyserend, transformerend en transmuterend.

De elementalen, engelen en andere rassen hebben geholpen de vorm op te bouwen; daarna hebben de draken deze vorm gekatalyseerd. Wij zijn boodschappers. We zijn tussenpersonen. We zijn dienaren in dit proces. Hoewel anderen hielpen met hun specifieke gaven, waren de Els en de draken het meest nodig. Onze twee rassen zijn wijs, wijs op een manier die jullie begrip van wijsheid te boven gaat, dus we hebben een overeenkomst. Andere rassen hebben andere gaven."

"Alles waar je over wil praten is interessant," zei ik, "maar ik word steeds nieuwsgieriger naar jouw wereld in plaats van steeds te focussen op de mijne."

"Ik begrijp dat je meer willen weten over onze thuiswereld en ik zal dat later met je delen. Maar het is niet alleen belangrijk dat je onze thuiswereld begrijpt, het is ook essentieel dat je onze relatie met de mensheid en Gaia begrijpt. We bouwen een brug, een raster van licht tussen mensen en draken, om een pad van begrip te creëren dat anderen kunnen bewandelen. Dat is waarom ik dit verhaal zo in elkaar weef."

"Oké, ik snap het en ik zal geduldig zijn," stemde ik in. "Een van de redenen waarom ik me verbonden voel met wat je zegt over draken die helpen de Aarde te baren, is dat ik een krachtig visioen had van de grote Kosmische Draak die dat aan het doen was. Mijn visioen vond tientallen jaren geleden plaats, maar het was waarschijnlijk maar een jaar in drakentijd. Ik deed een plantmedicijn ceremonie en had een combinatie van hallucinogene planten gerookt. Ik voelde me niet lekker en ging onder de sterrenhemel liggen waar ik urenlang een grote draak observeerde die door de sterrenhemel vloog. Ze was doorschijnend en ik kon de sterren door haar lichaam heen zien. Ze was zich ervan bewust dat ik naar haar keek en ze keek ook naar mij. Ik wist dat ze de Aarde, Gaia, aan het baren was om een bewuste planeet te worden."

"Je noemt haar de Kosmische Draak. Wat je zag waren hoog geëvolueerde oude draken van vele afstammingslijnen. Deze draken zijn ons equivalent van hoog geëvolueerde verlichte meesters. Ze werken samen in alle frequenties om Gaia te omarmen en haar volgende evolutiefase te katalyseren."

"Ik zag één draak, niet vele, hoe komt dat?"

"Zij voegden hun frequenties samen tot één en jij zag het resultaat van het samengevoegde wezen. Je visioen is correct, dus twijfel niet aan jezelf. Maar omdat dit op zeer hoge frequenties gebeurt, is je interpretatie niet helemaal accuraat."

"Het is geweldig dat mijn visioen juist is, maar het is niet geweldig dat mijn interpretatie onnauwkeurig is," antwoordde ik, denkend aan mijn verantwoordelijkheid om foutloos te vertalen wat hij zei.

"Je visioen is vele decennia oud en je hebt nu toegang tot veel hogere frequenties," zei Jake, terwijl hij me geruststelde. "Jij en de mensheid bevinden zich in de broedfase. Hoewel jullie je nog steeds in het nest bevinden, komen er scheuren in het energetische omhulsel dat jullie fysieke, astrale en causale lichamen omringt. Zowel het omhulsel van de mensheid als dat van jullie planeet is aan het barsten om hogere frequenties van de Bron van Alles en andere bewuste werelden binnen te laten. Zowel mensen als Gaia beginnen uit het ei te komen, om herboren te worden in bewustzijn."

"Hoe vindt dat barsten precies plaats?" vroeg ik, terwijl ik me voorstelde hoe hij me met zijn klauwen vastgreep.

"De schaal barst van binnenuit op hetzelfde moment dat wij draken de schaal van buitenaf laten barsten. Het is de juiste timing van de Bron van Alles. Het is niet dat we je iets opdringen. Het is meer dat we je uitbroeden. We omarmen je. De Kosmische Draak overziet dit proces voor Gaia. Vele bewuste wezens op vele niveaus van weten, zoals de Els, engelen en draken, zijn bij dit proces betrokken. Wij draken dalen af naar de laagste frequenties waar we effectief kunnen zijn om te helpen bij de geboorte van mensen in hogere frequenties."

"Kun je wat specifieker zijn?" vroeg ik.

"Zeker," antwoordde Jake. "De Aarde, Gaia, wenst terug te keren naar de Bron van Alles. Ze gooit alles van zich af wat een lagere frequentie heeft: de oude structuren die mensen hebben gebouwd en hun oude gedachtevormen."

"Ik kan de vernietiging van oude organisatiestructuren begrijpen, maar geeft de Aarde om de dood van mens en dier?" vroeg ik, denkend aan de dood van zovelen.

"Gaia merkt het verlies op van elk van haar cellen, wat een dier kan zijn, of een insect, of een bloem, of een mens. Dit zijn allemaal cellen in haar lichaam. Zij heeft ze gecreëerd. Ze stemt zich af op wat nodig is om naar een hogere frequentie te gaan. Gaia helpt haar eigen omhulsel te kraken. Daarom nemen vulkaanuitbarstingen, aardbevingen en orkanen toe. Ze vergroot de kloven tussen de tektonische platen waarop de landmassa's zich bevinden om naar een hogere frequentie te bewegen. Gaia beweegt, gehoorzamend aan het Goddelijke plan, en door dit te doen helpt ze de mensen om hetzelfde te doen. Elk wezen op Aarde wordt zowel door Gaia als door Spirit geholpen om naar een hogere frequentie te bewegen, hoewel het er vanuit jullie beperkte perspectief misschien niet zo uitziet."

Hij moet gevoeld hebben dat ik me verzette tegen wat hij zei, want hij besloot tot een andere, fijngevoeliger aanpak. "Je hebt het gevoel dat ik afstandelijk ben. Je voelt mijn neutrale emoties en interpreteert ze als een gebrek aan liefde. Dat is jouw interpretatie van de frequentie van weten van waaruit ik spreek. Die frequentie is hoger dan de frequentie van emoties. Het is de frequentie waarin zijn en doen in balans zijn. Er zijn noch voorkeuren noch verlangens - op de manier waarop jij verlangens opvat - wanneer je versmolten bent met de Bron van Alles. Persoonlijke verlangens worden weggebrand en alles wat overblijft is wat je het authentieke Zelf noemt. Dit vat is gevuld met de overvloed van de Bron van Alles en men is een bereidwillige, bewuste co-creator met de Bron van Alles. Dit is jullie volgende fase in de evolutie. Dit is wat wij draken weten, wat we onderwijzen. Hmmm... hmmm... Onderwijzen is een beperkt woord, het is meer dat wij het *zijn*. Of we nu woorden gebruiken die je vertaalt met helderziendheid, helderhorendheid en heldervoelendheid, wat er gebeurt is niet zozeer onderricht als wel infiltreren, doordringen, katalyseren, transformeren, transmuteren. Deze woorden passen beter bij het proces waarin jij en ik verwikkeld zijn."

Ik stond op het punt hem te onderbreken toen hij me een 'nee... wacht!' blik gaf. Ik luisterde verder en hoopte dat ik me zou herinneren wat ik wilde vragen.

"Op dit punt in de evolutie van de mensheid is ons vuur nodig om jullie oude zelfbeperkende gedachtevormen weg te branden. We lossen oude illusies, overtuigingen en gewoonten op waar jullie vorige evolutie op is gebaseerd. Gaia werkt mee aan dit proces. Tegelijkertijd verhogen jullie Zon en Aarde hun frequentie van binnenuit. Dit proces verschuift de tektonische platen van jullie planeet die vulkanen en weerpatronen triggeren, die op hun beurt vastzittende gebieden vrijmaken en energieën bevrijden die haar door de mensheid en door de Bron van Alles zijn opgelegd tijdens de vorige evolutiefase."

Hij richtte zijn doordringende gouden ogen op mij en wachtte tot ik een van de vele vragen zou stellen die tijdens zijn uitleg in me waren opgekomen.

"Ik vind het interessant dat niet alleen de mensheid, maar ook de Bron van Alles oude gedachtevormen op onze Aarde heeft ondersteund. Hoe komt dat?"

"Dieren en zelfs planten hebben gedachtevormen," antwoordde mijn drakenbroer, erop gebrand om zijn gevorderde kennis te tonen. "Deze gedachtevormen zijn gerelateerd aan de oude gewoonten van hun soort. Tijdens de stijging in frequentie, veroorzaakt door de Bron van Alles, de Zon en de Aarde, worden de oude beperkende gedachtevormen van hun soort losgelaten, zodat ook zij kunnen opgaan in het weten waarover wij spreken. Dit proces beïnvloedt edelstenen, mineralen, aarde, insecten, wormen... eigenlijk alles."

"Omdat ik meer met de mensheid bezig was, heb ik er geen rekening mee gehouden dat de frequentie van alle wezens op aarde zou stijgen."

"Dat is logisch," erkende hij. "De mensheid kijkt naar alle soorten door zijn eigen menselijke bril en heeft zich tot nu toe op zijn eigen evolutie geconcentreerd, maar dat zal veranderen. In hogere frequenties zijn jullie en anderen al afgestemd op de Bron van Alles. Je hoeft alleen maar te ontwaken om dit te weten."

Ik zat vol met informatie en elk gesprek met mijn drakenbroer riep meer vragen op dan antwoorden.

"Dit is genoeg voor vandaag," zei hij, toen hij mijn vermoeidheid opmerkte. "Geniet de komende weken van de mensen in de workshops. Lesgeven zal je helpen en niet afleiden van de energie die je nodig hebt om ons werk samen voort te zetten. Je frequentie stijgt wanneer je spiritueel onderricht geeft. Ja, je kunt fysiek moe zijn, maar je krijgt spirituele energie en je hart opent zich vollediger door anderen bij te staan. Geniet van je tijd om te verwerken waar jij en ik het over hebben gehad en ik zal binnenkort onze thuiswereld gaan bespreken."

"Wanneer wil je me weer spreken?" vroeg ik, omdat ik dat graag wilde weten voordat hij weer voor onbepaalde tijd vertrok.

" De nauwkeurigheid van wat ik je wil vertellen is belangrijker dan de timing," antwoordde Jake. "Tot nu toe heb ik me gericht op de relatie tussen draken en mensen. Wanneer we zonder onderbreking verder kunnen gaan, wil ik me richten op onze drakenwereld. Dit is echter nog niet het juiste moment. Daarvoor heb je stilte nodig, want onze wereld heeft een veel hogere frequentie dan wat je normaliter gewend bent. Je bevattingsvermogen en inzicht zijn beperkt, omdat onze manier van denken en zijn anders is dan die van jou."

"Meer hindernissen," zei ik. "Bedoel je dat het voor mij makkelijker te begrijpen is als jij, als hologram, naar mijn wereld komt dan als ik naar jou wereld ga?"

"Ik zal je een concreet voorbeeld geven," antwoordde hij. "Wanneer je lesgeeft, betreed je de gedachtevormen en frequenties van het land. Denk zo'n 25 jaar terug en herinner je de hoofdpijn die je ervoer door de mentale gedachtevormen in Duitsland, toen je er voor het eerst lesgaf. Het heeft je een aantal reizen naar Duitsland gekost, voordat je lichaam geen last meer had van de Duitse gedachtevormen. Op dezelfde manier zal het een fysieke en spirituele inspanning voor je zijn om in onze drakenwereld te zijn en het zal belastend zijn voor je lichaam. Toch is dit noodzakelijk." "Is er geen makkelijkere manier?" vroeg ik, terwijl ik terugdacht aan de pijn van mijn eerste jaren lesgeven in Duitsland. "Je bent geen passief kanaal," antwoordde Jake. "Je bent een co-creator op een gezamenlijke reis en we moeten elkaar ook ontmoeten in mijn wereld, niet alleen in de jouwe. Het is niet alleen moeilijk voor jou om naar mijn wereld te komen, het is ook moeilijk voor mij om naar de jouwe te komen vanwege de lagere frequentie. Voor mij voelt het alsof ik vastzit in dikke modder. Je hebt niets verkeerd gedaan. Wat je tot nu toe doet is accuraat en juist. We zijn tevreden. Hmmm...hmmm... Wanneer jij en ik een relatie hebben opgebouwd in mijn thuiswereld, zoals we in de jouwe hebben gedaan, kun je met onze broedmoeder spreken. Onze drakenmoeder. En hopelijk kun je daarna met onze oude vader spreken."

"Bedankt voor het uitleggen van je situatie, want ik begreep het niet helemaal. Omdat jij en de andere draken vinden dat ik naar jouw wereld kan reizen, heb ik er vertrouwen in dat ik dat kan. Ik kijk ernaar uit om weer met je te spreken als ik weer thuis ben in Canada.

"Tot dan, rust uit en het ga je goed." Na het vertrek van mijn drakenbroer zat ik lange tijd bij de rivier, genietend van de rust. Ik was onder de indruk van het voorrecht om te zijn uitgekozen om met de draken te spreken en mijn onzekerheden waren aan het verdwijnen. Langzaam, dat wel, maar ze verdwenen. De reikwijdte en diepgang van zijn kennis van de evolutie van de mensheid en Gaia waren verbazingwekkend en ik was dankbaarder dan ooit dat mijn jonge drakenbroer en niet een oudere draak uitgekozen was om met mij te spreken. Ik kon me niet voorstellen hoe ik met een oudere draak had moeten omgaan, maar, zoals hij zei, daar zou ik snel achter komen.

Ontmoeting met de Robijnrode Draak

Twee maanden gingen voorbij voordat ik er klaar voor was om met Jake te communiceren. In die tijd keerde ik terug naar Canada en zette ik wat hij me had verteld om in geschreven tekst. Het was zomer en de zomer betekende plezierige activiteiten, vooral als ik in het buitenland had gewerkt. Daarom maakte ik gebruik van het warme weer om in de oceaan te zwemmen en 's nachts onder de sterrenhemel te slapen. Mezelf verwennen en oude verantwoordelijkheden en tijdrovende patronen doorbreken voelde goed en broodnodig. Op de achtergrond wist ik dat ik me aan het voorbereiden was op het volgende gedeelte van mijn boek, maar er was geen haast bij. Toen, op een dag met de herfst in aantocht, hoorde ik een krachtige, stem van een oude draak mij bevelen: "Je moet nu naar IJsland komen!"

Dit was niet de eerste keer dat ik werd geroepen om naar IJsland te gaan. Ik had het al twee keer geprobeerd, maar het was niet gelukt. De laatste keer was een paar jaar geleden, toen ik een rondreis door IJsland organiseerde en 30 mensen van over de hele wereld zich hadden ingeschreven om mee te gaan. Helaas sloeg de pandemie toe en werd de tour geannuleerd. Deze keer wist ik door de stem dat ik MOEST gaan en ik boekte een vlucht. Mijn vriend Christoph had zich opgegeven voor de geannuleerde tour en hij vroeg of hij met me mee mocht. Hij bood aan om te rijden en ik was opgelucht zodat ik me kon concentreren op het communiceren met draken, en wie weet, misschien wat elementalen.

Het is algemeen bekend dat de meeste IJslanders in elementalen geloven, die ze de 'Huldufólk' of 'verborgen mensen' noemen, maar ik had nog nooit gehoord dat ze in draken geloofden. Waarom moest ik dan gaan? Deze vraag spookte door mijn hoofd toen het vliegtuig landde. Ik keek in mijn reisgids en snelde naar de grootste boekhandel van Reykjavík, waar ik hoopte aanwijzingen te vinden over locaties waar draken waren gezien.

Toen ik een jongeman benaderde die daar werkte, vroeg ik: "Heeft u boeken over draken in IJsland?"

Hij keek verward, dus ik herformuleerde mijn vraag: "Zijn er mythes over draken in IJsland?"

Ik kon zien dat hij over mijn vraag nadacht, maar zijn antwoord was niet wat ik zocht. "De meeste van onze verhalen gaan over trollen, de Huldufólk en geesten," antwoordde hij en hij wees me de afdeling waar boeken over die onderwerpen stonden. Ik doorzocht de schappen zonder succes, niets over draken, en ik verliet teleurgesteld de winkel. Het had geen zin om me zorgen te maken over wat er niet gebeurde. IJsland is een fysiek prachtig land, dus ik kon net zo goed toerist spelen en mezelf vermaken.

De volgende dag reden Christoph en ik na het raadplegen van onze kaarten langs de zuidkust waar we watervallen en turquoise gletsjers met steeds veranderende vergezichten bezochten. Ik had het zo naar mijn zin dat ik bijna teleurgesteld was toen ik drie dagen later, in de buurt van Skógar, een draak telepathisch hoorde zeggen: "Stop naast die gletsjer aan de linkerkant." Christoph stopte de auto op de plek die de draak aanwees en we stapten uit. De gierende wind was stormachtig en meedogenloos. Ik probeerde naar de gletsjer te lopen, maar ik kwam letterlijk niet vooruit. Gelukkig is Christoph een stevige man en hij was in staat om me fysiek op de grond te houden terwijl ik me naar de plek worstelde waar de draak me wilde hebben. Christoph zette me achter een kleine rots die enige bescherming bood en trok zich terug om mij privacy te geven. Gehurkt achter de rots, met de wind loeiend om me heen, wachtte ik af. Ik was niet blij met de timing van de draak en mijn handen waren bevroren tegen de tijd dat ik een draak zag naderen.

Door de beukende wind kwamen de schubben op zijn rug omhoog en werd de kam op zijn kop naar achteren geblazen. Hij kneep zijn ogen dicht tegen de wind en schudde vrolijk met zijn kop, om te laten zien dat hij, in tegenstelling tot mij, van het wilde weer hield. De draak was kleiner en jonger dan ik had verwacht, gezien de kracht van de boodschap dat ik naar IJsland moest komen. Hij had een indigoblauwe kleur net als Jake, waardoor ik me afvroeg of ze elkaar kenden.

"Ik ben niet degene die je ge…ge…geroepen heeft," zei de jonge draak bij wijze van begroeting. "Jaakelousekindvron (hijg…grom… kreun) vertelde me dat je in IJsland zou zijn, dus besloot ik je te ontmoeten. Later ontmoet je de oude draak, de wijze beschermer, die je het bericht stuurde."

De jonge mannelijke draak aarzelde en stotterde tijdens het spreken en ik besette dat hij eenzaam was - een woord dat ik normaliter niet met een draak zou associëren. Ik probeerde mijn waarneming van zijn eenzaamheid voor me te houden want ik wilde hem niet beledigen. Draken kunnen stekelig reageren. Omdat hij nog nooit met een mens had gesproken en mijn gedachten niet had opgepikt, begon hij uit te leggen wat hij in IJsland deed.

"Wij draken zijn betrokken geweest bij de vorming van IJsland," zei hij, terwijl hij het onderwerp koos waarover hij wilde praten. Hij vond het misschien leuk om met een mens te praten, dacht ik, dus ik kon hem net zo goed meteen laten wennen aan mijn vragen. "Hoe doen jullie dat?" vroeg ik, in een poging er een dialoog van te maken.

"Wij zijn betrokken bij het creëren van v...v...vulkanen om de Aarde, Gaia, te helpen stoom af te blazen."

Ik wist niet dat draken konden stotteren en ik vroeg me af of zijn stotteren iets te maken had met waarom een relatief jonge draak in IJsland zou zijn in plaats van in zijn eigen wereld. Ik slaagde erin ook deze gedachten voor mezelf te houden.

"Wij draken maken een b...b...brug tussen de nieuwste Aarde die hier geboren wil worden en de oudere Aarde op de andere continenten. De regenbogen die je dagelijks in IJsland ziet, maken een regenboogbrug naar de nieuwe Aarde."

"Hoe bouwen draken die brug?" vroeg ik, omdat ik wilde dat hij specifieker zou zijn.

"Is dat niet duidelijk?" antwoordde hij. Terwijl hij sprak, wiebelde hij nerveus van de ene poot op de andere en ik kon zien dat hij worstelde met hoe hij doeltreffend met een mens moest communiceren. Ik kon alleen maar raden dat hij niet Jake's training had gehad die hem kwalificeerde om met mensen te praten en ik vroeg me af of deze jonge draak uit zichzelf was gekomen om met mij te praten. Nou, draken zijn nieuwsgierig en dat zou het kunnen verklaren, dacht ik bij mezelf.

De jonge indigo draak nam een besluit en vervolgde: "Draken kunnen met alle elementen werken: aarde, lucht, vuur, water. Op dit moment waait het erg hard. D...d...dat is de lucht. IJsland heeft ook woeste ijskoude zeeën in de buurt van de poolcirkel met indrukwekkende watervallen die van de gletsjers tuimelen. Dat is het water. Tegelijkertijd zijn er actieve vulkanen die vuur spuwen, dat uit de aarde komt. IJsland is een land van extremen en mensen leven hier met extreme elementen. Zo zal de nieuwe Aarde eruitzien."

"Oké," zei ik, "maar het is me nog steeds niet duidelijk wat dit met jou en misschien andere draken te maken heeft?" Ik probeerde hem niet onzekerder te maken, maar ik wilde zijn boodschap begrijpen.

"Draken helpen de Aarde, Gaia, bij haar wedergeboorte," antwoordde hij, een beetje onthutst klinkend door mijn onbegrip. We werken in IJsland met de vulkanen en het verschuiven van de tektonische platen. Voor ons is het verschuiven van de platen als het kraken van het ei van een kuikentje zodat het kan uitkomen. Wij helpen Gaia om uit het ei te komen. De Euraziatische plaat ontmoet de Noord-Amerikaanse plaat in IJsland en deze plek is een kruispunt binnenin de Aarde. Dit land is een heilig land v...v...voor draken. In veel opzichten is de drakenwereld in de hogere frequenties een getemde omgeving voor ons. In IJsland houden we van het d...d... drama, het nieuwe, de spontaniteit, het ongecensureerde. Dit is alles wat ik je wilde zeggen."

"Bedankt voor je uitleg," zei ik, "dat waardeer ik." Ik probeerde hem gerust te stellen dat hij het goed had gedaan, want ik wilde zijn gebrek aan zelfvertrouwen zeker niet verergeren.

Het jonge mannetje ging niet weg, maar zuchtte en schraapte zijn keel en leek onzeker hoe verder te gaan. Uiteindelijk vroeg hij: "Eigenlijk heb ik een verzoek."

"Natuurlijk, wat is er?" Mijn poging om hem gerust te stellen leek te werken, want hij knikte en zei: "K...k...kun je me een bijnaam geven zoals Jake?" Wie had gedacht dat menselijke bijnamen zo populair zouden zijn bij draken? Ik stemde me af op zijn vibratie en luisterde welk woord zou passen bij zijn verlegen, bescheiden aanwezigheid.

"Harold," zei ik. "Je bijnaam is Harold."

"Ik vind hem geweldig. Harold. Ik zal het Jake vertellen," antwoorde hij grijnzend en verdween. Ik was blij dat ik iets had gevonden waarmee mensen draken een plezier konden doen, maar tot nu toe had ik alleen met jonge draken gesproken. Ik dacht niet dat de machtige oude draak die me naar IJsland had geroepen blij zou zijn met een bijnaam. Een paar dagen later kwam ik erachter, maar eerst ontmoette ik Sebastian.

Sebastian was een cultureel antropoloog die in een bezoekerscentrum werkte vlakbij de plek waar ik de jonge indigo draak ontmoet had. Toen ik hem vroeg of hij oude verhalen over draken in IJsland kende, glimlachte hij, stak zijn hand in zijn zak en haalde een IJslandse munt tevoorschijn om me te laten zien.

"Sinds de tijd van de Vikingen heeft IJsland vier beschermgeesten. Kijk hier!" zei hij, wijzend naar het wapen op de munt. "De draak is de beschermer van het oosten en hij staat op onze munt." Ik nam de munt uit zijn hand en keek goed. En ja hoor, er stond een draak op het IJslandse wapen.

Toen we Sebastian achterlieten, vervolgden Christoph en ik onze reis en een gedachte bekroop me. Zou de draak die mij had geroepen dezelfde oude draak zijn die op de IJslandse munt stond? Twee dagen later, in het oostelijke deel van IJsland, werd mijn vraag beantwoord. Christoph en ik reden over een onverharde bergpas toen ik een bulderende stem hoorde. Door de kracht van de oproep wist ik dat het niemand minder kon zijn dan een zeer machtige draak en waarschijnlijk degene die mij had bevolen om naar IJsland te komen. Christoph zette de auto onmiddellijk tot stilstand langs de kant van de weg. Dankbaar dat het niet regende of waaide, stapte ik uit en begon de heuvel te beklimmen waar de oproep vandaan kwam. Een enorme robijnrode draak keek toe terwijl ik naderde. Alleen al door de grootte wist ik dat deze draak veel, veel ouder was dan mijn jonge broer. Hoewel ze er qua uiterlijk androgyn uitzag, voelde ik dat haar essentie meer vrouwelijk was. Ze zwiepte ongeduldig met haar staart heen en weer en haar algehele houding maakte me niet bijster enthousiast om bij haar in de buurt te komen.

Toen ik dichterbij kwam, zei ze bij wijze van introductie: "Moet je zo langzaam zijn? Ik heb veel te zeggen."

Haar koele ontvangst gaf aan dat ze niet lang met me zou willen praten, dus ik kwam meteen bij mijn belangrijkste vraag: "Bent u een van de vier beschermers van IJsland?"

"Het is niet aan jou om vragen te stellen, het is aan mij om te vertellen," antwoordde ze, terwijl ze geërgerd met haar klauwen tikte. "Ik leef al bijna duizend van jullie jaren op dit eiland. Daarvoor verbleef ik in Groot-Brittannië en Scandinavië, omdat het hier vroeger veel kouder was. Ik verblijf het liefst in afgelegen gebieden waar geen mensen zijn en toen mensen voor het eerst naar deze plek kwamen, heb ik ze weggejaagd."

Een van mijn innerlijke vragen moet naar de oppervlakte van mijn gedachten zijn geborreld, want ze antwoordde snel.

"Ja, ik moest deze plek delen met andere wezens die hier al waren. Zij zijn wat jullie reuzen noemen. Ze zijn niet van dezelfde menselijke afkomst als jullie. Ik ben eerder reuzen tegengekomen in de Glens of Antrim in Noord-Ierland en in Noorwegen, waar trouwens andere draken leven. De kleine mensen waren er ook, trollen en nog kleinere wezens. De verborgen mensen, jullie zeggen kabouters, zijn best vriendelijk tegen mensen, maar niet tegen de trollen. Zij en de reuzen verkiezen meer afgelegen valleien dieper in de bergen. Zij waren hier al voordat de mensen kwamen."

De kracht die van haar uitging was immens en uit haar toon kon ik opmaken dat ze een hekel had aan mensen. Ze was niet zo vriendelijk als Jake en Harold en ik voelde me klein en bang in haar aanwezigheid. "Mensen zijn voor mij als ratten voor jou," zei ze, terwijl ze mijn gedachten oppikte. "Ja, natuurlijk lees ik je gedachten. Draken groeien in kracht als ze ouder worden en onze robijnrode afstammingslijn heeft een bijzonder sterke energie. Ik weet dat je een boek aan het schrijven bent met een jonge indigo draak. Ik ben de eerste oude die je ontmoet. Wat ik heb gezien en weet is heel anders dan wat een jonge draak je kan vertellen."

Haar eenvoudige woorden waren gelaagd met een veelheid aan betekenissen. Ze was stokoud vergeleken met mijn drakenbroer en ze vond dat ik me vereerd moest voelen door haar bereidheid om met me te praten. Tegelijkertijd wist ze dat het haar plicht was, haar verantwoordelijkheid om met deze onbeduidende mens te communiceren... ook al wilde ze niet lastig gevallen worden. Vandaar haar ongeduld, waar ze geen geheim van maakte. "Waarom ik naar de aarde gekomen ben, vraag je? Ik ben hier al vele duizenden jaren. Ik kwam naar jullie wereld toen er veel aardbevingen, vulkanen en veranderingen op aarde plaatsvonden, vóór de tijd die jullie Atlantis noemen."

Ze bleef mijn gedachten voorvoelen, zelfs voordat ik dat deed, en het was zenuwslopend om zo open te zijn in haar krachtige, ijzige aanwezigheid.

"En ja, ik ben dezelfde draak als de Rode Draak van Wales. Ik was in Wales voordat ik naar IJsland kwam en heel Wales was mijn territorium. Zelfs nu kan ik naar de bergen van Wales gaan als ik dat wil. Ik houd van bergen, maar ik geef de voorkeur aan de hitte van de vulkanen in IJsland. Hier kan ik baden in hete poelen en rusten in lavabedden waar hete stenen uit het binnenste van de aarde omhoog worden geslingerd. Dat is heel aantrekkelijk."

Terwijl ze sprak, dacht ik na over hoe het zou voelen om duizenden jaren oud en alleen te zijn en ze moet mijn gevoel van medelijden hebben opgepikt. "Of ik me eenzaam voel? Helemaal niet," zei ze trots, snel mijn menselijke veronderstelling corrigerend. "Ik heb geen verlangen om bij anderen van mijn soort te zijn. Ik ben geen achterblijver. Ik ben een pionier. Ik heb ervoor gekozen om hier te zijn. Ik weet dat je jonge broer je niet heeft verteld dat er nog andere draken dan achterblijvers en hun verzorgers op Gaia wonen, maar dat is wel zo. Dit hele gebied is mijn gebied. Ik zal niet zeggen dat ik ervoor zorg. Ik zou meer zeggen ...hmmm...hmmm... zoiets als ervan genieten, zoiets als het beschermen. Hmmm... zoiets als het helpen evolueren, omdat ik Gaia graag help evolueren. Ik ben minder bezig met het helpen van mensen. Als Gaia haar volgende cyclus ingaat, zullen er meer aardbevingen en vulkanen zijn en dat is een goed moment voor mij om hier te zijn. Ik geniet fysiek van IJsland en ik kan helpen een brug te slaan tussen Gaia's lagere frequentie en de hogere frequentie waar ze naartoe zal gaan."

Omdat de robijnrode draak zo lang in de lagere frequentie van de aarde had geleefd, vroeg ik me af of ze hier vastzat, net als de achterblijvers, en er begon weer medelijden door mijn gedachten te sijpelen.

Ze wuifde mijn bezorgdheid weg door te stellen: "Door er veel energie in te steken zou ik zelfs nu terug kunnen keren naar de drakenwereld als ik dat zou willen, maar zoals je al vermoedde, zou dat niet gemakkelijk zijn. Omdat ik zo lang in Gaia's lagere frequentie ben geweest, is mijn lichaam eraan gewend geraakt."

Ik voelde dat ons gesprek ten einde liep, dus besloot ik een specifieke vraag te stellen: "Heb je een boodschap voor mensen die ik in het boek moet zetten?"

"Ik heb geen speciale boodschap voor mensen. Je kunt delen wat ik heb gezegd. Ik heb ervoor gekozen dat je mij kan zien en anderen met een spirituele visie kunnen mij ook zien. Ik heb er echter genoeg van om in de buurt van de weg met het verkeer te zijn. Nu ga ik dieper het binnenland in waar ik weer alleen kan zijn om energie op te nemen en te helpen de frequentie van Gaia te verhogen. De Aarde, Gaia, is mijn taak. Niet de mensen, niet de elementalen, niet de reuzen. Maar goed, ik heb gezegd wat ik wilde zeggen." De oude robijnrode draak steeg op in de lucht en zette koers naar de hoge bergen verder landinwaarts. Ik dacht na over wat ze had gezegd. Ik wist niet waarom ze me naar IJsland had geroepen, want ze was niet geïnteresseerd in mensen. Ahhh, natuurlijk. Ze wilde dat ik de energie van IJsland zou ervaren. Die was, net als zij, een krachtige transformerende kracht en op de een of andere manier begreep ik dat haar rode kleur te maken had met rauwe energie en dat haar energie nodig was in het transformatieproces van de Aarde. Het was niet alleen haar kracht die met de jaren kwam, maar haar kleur was belangrijk.

Later, toen ik de drakenwereld bezocht, leerde ik meer over het belang van haar robijnrode kleur. Op dit moment begreep ik echter dat zij en IJsland allebei betrokken waren bij het katalyseren van mijn energie om van mij een beter voertuig te maken om over de geboorte van de Nieuwe Aarde te schrijven en DAT was belangrijk voor haar. Ik voelde de tijd naderen dat ik de drakenwereld zou kunnen bezoeken om meer te leren over hun evolutie, leefomstandigheden en afstammingslijnen.

De Drakenwereld

Twee Soorten Draken

Ik droom. Ik bevind me in een grote grot met een kleine vrouw. Ik volg haar terwijl ze steeds smallere delen van de grot in loopt totdat ze uiteindelijk door een zeer nauwe tunnel kruipt. Ik laat me op mijn buik zakken, begin door de tunnel te kruipen en kom halverwege vast te zitten. Mijn vriendin is verder gegaan. Ik ben alleen. Ik probeer vooruit te gaan en dat lukt niet. Ik probeer achteruit te gaan en dat lukt niet. Ik zit volledig vast. Angstige gedachten komen in me op. Wat als er ratten de tunnel in komen en mijn gezicht en lichaam opeten terwijl ik nog leef? Wat als mijn longen het begeven en ik niet kan ademen? Dan komt er een positieve gedachte. Wat als ik me ontspan en me overgeef? Als ik dit doe, voel ik dat de tunnel zal uitdijen en dat ik in staat zal zijn om naar de andere kant te kruipen, de kant waar het licht vandaan komt. Ik ontwaak in de wetenschap dat dit de oplossing is, waar Spirit om vraagt.

Liggend in bed herbeleefde ik de droom. De grot deed denken aan de drakengrot waarin ik me tientallen jaren geleden had bevonden. Bovendien had mijn drakenbroer me aangemoedigd om mijn frequentie lichter te maken, zodat ik zijn thuiswereld kon bezoeken. Ik voelde dat de kleinere, lichtere vrouw die ik volgde zijn aanbeveling had opgevolgd en dat ik, door me over te geven aan het proces, in staat zou zijn om naar de drakenwereld te gaan. Zo'n krachtige droom gaf aan dat het tijd was om weer met Jake te praten. Er waren enkele maanden verstreken sinds ons laatste gesprek in Duitsland en nu ik weer thuis was in Canada, moest ik de ideale plek vinden waar hij mij zou willen spreken. Na het aankleden liep ik rond op mijn terrein om uit te zoeken waar hij zich op zijn gemak zou voelen. Ik zat op een tweezitsbank omringd door kamperfoelie die als een waterval van de pergola omlaag tuimelde. Ik keek uit over de oceaan en wilde net contact zoeken met Jake toen het buurkind begon te huilen... en niet meer ophield. Ik stond op en liep naar de andere kant van het terrein, waar de buren de plannen voor de dag bespraken. Ik zocht de schaduw van mijn meditatietuin op en ging weer zitten.

"Sluit je ogen, haal diep adem en centreer jezelf," hoorde ik Jake in mijn hoofd zeggen.

Terwijl ik deed wat ik moest doen, werd innerlijke rust mijn bondgenoot en zag ik hem geduldig op me wachten.

Tenslotte schraapte hij zijn keel en zei: "Hoewel het in jouw tijd twee maanden geleden is, is het in mijn tijd nog maar een paar dagen geleden dat we elkaar voor het laatst zagen. Er is geen haast. Alles verloopt volgens plan. Het is niet makkelijk voor je om ons te horen met alles wat je afleidt: je computer, je leven en je reizen. Over reizen gesproken, je hebt mijn indigo vriend ontmoet in IJsland."

Ik opende mijn mond om over Harold te praten, maar typisch voor Jake, niet wachtend op mijn reactie, begon hij over een onderwerp waar ik niet op voorbereid was.

"Wij draken zijn ook reizigers. We houden ervan om te reizen, niet alleen in onze wereld, maar naar alle werelden. Daarom hebben we leren vliegen. We konden niet altijd vliegen, weet je? Oh, ik begrijp het. Dat wist je niet. Hier, ik zal het je laten zien." Hij stuurde me een duidelijk, holografisch beeld van de originele draken en ik werd geteleporteerd en ondergedompeld in die tijd. "Ja. Ja. Oorspronkelijk waren we schepselen van de zee," ging hij enthousiast verder, alsof het de normaalste zaak van de wereld was dat ik me bij hem voegde in die eerdere wereld. "Zoals je ziet, gebruikten we wat nu onze vleugels zijn als een soort zwemvliezen waarmee we konden sturen. Dit is waarom we ons zo op ons gemak voelen in het water en gaan veel van jullie menselijke mythes over draken die in het water leven. Onze drakenwereld heeft prachtige, schitterende plekken in de oceaan en we hebben de diepten verkend. Zelfs nu houden we ervan om in het ondiepe water te baden en van de zon te genieten. Dat is favoriet tijdverdrijf voor ons."

Ik ging razendsnel van het ene tafereel naar het andere terwijl hij sprak. Ik was zijn ogen, zag wat hij zag en wist wat hij wist. Net gewend geraakt aan zijn bestaan in het water, werd ik eruit gerukt door zijn volgende woorden.

"Maar nadat we de grote diepten van de zee hadden verkend, raakten we verveeld en besloten we ons hoofd boven water te houden. Zo leerden we zowel in het water als in de lucht te ademen. Dit was onze eerste fase in de bewuste evolutie om op beide plaatsen te kunnen ademen. Zelfs toen het onmogelijk werd om in het water te ademen, konden we onze adem lange tijd inhouden door in een semi-slapende staat te gaan. Op deze manier konden we urenlang in de diepten van de oceaan reizen. Er zijn onderwatergrotten waar we konden rusten en we vonden de duisternis erg aantrekkelijk."

Terwijl ik zijn evolutionaire reis volgde, ervoer ik hoe ik zowel onder water als in de lucht kon ademen en kwam ik in een vorig leven terecht, toen ik als zeemeermens hetzelfde kon doen. Jake gaf me geen tijd om van mijn eigen ervaring te genieten, bracht me weer terug in het nu en bestudeerde me.

"Wat ik deel is een gedeelte van onze drakenmythologie," zei hij, terwijl hij me aanstaarde met zijn doordringende, gouden ogen. "Dit is de manier waarop we leren en informatie delen. Het is sneller en efficiënter en in alle opzichten superieur aan jullie menselijke boeken, die wisselende verslagen bevatten van verschillende auteurs over de evolutiestadia van de mens. Wij draken weten meteen precies hoe we geëvolueerd zijn door er te zijn, omdat we in onze hoge frequentie terug kunnen reizen in ruimte en tijd door alleen maar gedachten te gebruiken."

Door zijn uitleg kon ik me stabiliseren en aanpassen aan zijn manier van lesgeven. Omdat ik wist dat hij van plan was door te gaan met deze manier van onderwijzen, remde ik hem af door een vraag te stellen.

"Ik wil graag meer horen over jullie eerste fase in de evolutie. Wat aten jullie bijvoorbeeld?" vroeg ik.

"In die tijd leefden we van de wezens in de zee, net zoals jullie van dieren en planten leven. Dit was onze dierlijke fase in de evolutie, maar onze nieuwsgierigheid bracht ons naar de oppervlakte van de oceanen. We zagen land en waren er nieuwsgierig naar. Draken hebben altijd al een krachtige geest gehad en we lieten poten groeien om op het land te kunnen lopen. Dit was onze volgende fase in de evolutie om poten te creëren door gedachtenkracht."

Door zijn woorden en beelden werd ik weer terug in de tijd gekatapulteerd en zag ik draken op het land kruipen en, seconde na seconde, sterkere poten krijgen tot ze konden staan. Ik werd duizelig toen ik me met zo'n hoge snelheid door de drakenevolutie heen bewoog en in de hoop het proces te vertragen stelde ik een vraag.

"Volgens menselijke mythes hadden Aziatische draken twee voor- en twee achterpoten," waagde ik te zeggen, "terwijl de draken in West-Europa soms alleen twee achterpoten hadden. Hoe komt dat?"

"Ik hoopte het hier later over te hebben, maar je hebt de gewoonte om me voor te zijn," zei Jake, terwijl hij zich in zijn volle lengte oprichtte. "Er zijn twee soorten draken omdat we in verschillende richtingen zijn geëvolueerd. Deze afsplitsing is vergelijkbaar met toen de dolfijnen en walvissen op jouw wereld besloten om het leven op land achter zich te laten en bewoners van de zee te worden. Onze twee draken-volken scheidden zich af en uiteindelijk gingen we naar verschillende frequenties. Wij vierpotige draken verblijven in een hogere astrale frequentie dan draken met kleinere voorpoten. Die bevinden zich in een midden astrale frequentie. Wij draken met een hogere frequentie zouden zeggen dat we het meest geëvolueerd zijn van de twee; toch hebben degenen in de lagere frequentie gaven die wij zijn kwijtgeraakt."

Terwijl hij sprak, werd ik omhoog en omlaag getrokken tussen de twee werelden. Toen hij zei dat de draken met vier poten zich in een hogere frequentie bevonden, zag ik hem en de wereld die ik ging leren kennen. Toen hij sprak over de drakenwereld met een lagere frequentie, voelde het alsof ik in een achtbaan vanaf de top op volle snelheid naar beneden vloog. Mijn maag draaide zich om. Terwijl ik probeerde mezelf te stabiliseren, zag ik een wereld die deed denken aan dinosaurussen met veel hoge boomachtige varens. Ik aarzelde om in deze vreemde, nieuwe omgeving neer te strijken. Het straalde gevaar uit.

"Zij zijn fysiek groter en wij zijn kwetsbaarder dan zij," zei mijn vriend, mijn bezorgdheid versterkend. "Soms, niet vaak, reizen we naar elkaars werelden en bewegen ambassadeurs zich tussen deze twee werelden om uit te zoeken wat van nut kan zijn voor de ander.

Wij, draken met een hogere frequentie, krijgen bijvoorbeeld vaak ruwe mineralen en kristallen van hen die wij nodig hebben om onze energiebronnen te vernieuwen, en zij ontvangen deze geladen, geënergetiseerde kristallen van ons terug. Ze gebruiken deze energiebronnen om zich te voeden en te verwarmen en om vooruitgang te boeken op hun evolutionaire pad."

Beelden van grote, zwaar gespierde draken die kristallen en mineralen opgraven met kleinere voorpoten kwamen in me op om vervangen te worden door beelden van kleinere, slankere en meer verfijnde draken zoals Jake. Het zien van deze contrasterende beelden maakte dat ik blij was dat ik te maken had met de laatstgenoemde versie. "Paren de twee soorten draken ooit?" vroeg ik, me afvragend hoe dit zou gebeuren en benieuwd naar de paringsrituelen.

"Heel, heel af en toe kan er een paring plaatsvinden tussen de twee, maar dat kan moeilijk zijn omdat ze minstens twee keer zoveel wegen als wij. Door het verschil in grootte en gewicht is het waarschijnlijker dat een mannetje uit de hogere frequentie een vrouwtje van de lagere frequentie bevrucht. Als er genegenheid is tussen de twee draken, kunnen ze paren en vruchtbare nakomelingen krijgen. Het jong zou een mengvorm zijn van de twee werelden en het zou worden grootgebracht waar de vader en moeder besloten dat dit het beste zou zijn voor dat jong. De hybride draak zou gaven van onze afstamming hebben en in staat zijn om te onderwijzen en te helpen met de evolutie van degenen in de lagere frequentie."

Ik was getuige van wat hij zei via holografische beelden. Het mannetje was zeker het lichtgewicht en de paring vond plaats omdat het vrouwtje zich in een gewillige, ontvankelijke positie bevond met haar staart in de lucht. Het verbaasde me dat de paring op het land plaatsvond en niet in de lucht en ik stuurde Jake een telepathisch bericht om te vragen waarom dit zo was. "Vanwege het verschil in grootte," antwoordde hij, "is het gemakkelijker om op het land te paren. De vader fungeert in dit geval als spermadonor om de moeder te helpen een ei met een hoge intelligentie te produceren. Ze worden niet gedreven door hormonen, maar door het verlangen om de frequentie te verhogen van de draken met een lagere frequentie."

Anticiperend op mijn volgende vraag zei mijn drakenbroer: "Een vader uit de drakenwereld met een lagere frequentie zal af en toe een moeder in onze wereld bevruchten om een hybride voort te brengen die hier wordt uitgebroed en opgevoed. Deze hybriden worden niet behandeld als de onstabiele of emotioneel beperkte achterblijvers, die we naar de Aarde en andere planeten gestuurd hebben. Ze worden hier opgevoed tot de grens van wat ze aankunnen. Dan keren ze terug naar de wereld met een lagere frequentie om daar draken te helpen. Die hybride is wat jullie een *bodhisattva* noemen - een wezen wiens hoofddoel is anderen te helpen hun bewustzijn te verhogen."

"Denk je dat draken in jouw wereld van hogere frequentie zich ooit zullen verenigen met die van de lagere frequentie?" vroeg ik.

"Wij zijn verwant aan elkaar," antwoordde Jake. "We zijn beiden draken. Zij zijn fysiek sterker dan wij en wij zijn mentaal superieur aan hen. Omdat we mentaal verder gevorderd zijn en deze kwaliteit belangrijker vinden dan andere, kunnen we soms emotioneel koel overkomen. De draken in de lagere astrale frequentie zijn vaak meer compassievol dan wij. Ze hebben langer en harder gewerkt om hun emoties te ontwikkelen. Ze moesten wel, anders hadden ze hun wereld en andere werelden kunnen vernietigen vanwege hun woeste aard. Het zijn trouwens achterblijvers van de drakenwereld met een lagere frequentie die zich in West-Europa vestigden en die mensen aten en steden verwoestten."

Zijn woorden katapulteerden me naar het menselijk verleden, waar ik zag hoe een stad in brand werd gestoken door een laagvliegende, vuurspuwende draak. De wilde gele ogen van de draak schitterden van haat en hij probeerde zoveel mogelijk mensen te vernietigen. Boogschutters schoten pijlen af die eenvoudig afketsten op zijn schubben en toen hij zijn klauwen uitsloeg, greep de boze draak een boogschutter en verpletterde hem. Ik trok me terug uit dit gewelddadige tafereel en zag Jake mijn reactie beoordelen.

"Vergeet niet dat deze draak een achterblijver is, die in jouw wereld is opgejaagd," zei hij als reactie op mijn afschuw en afkeer. "In hun wereld met lagere frequentie kunnen ze liefhebbende familieleden zijn. Onze vaders en moeders in de hogere frequenties daarentegen voelen meestal geen verantwoordelijkheid om nog voor hun nakomelingen te zorgen als ze eenmaal uitgevlogen zijn. Ik denk dat jij dat gedrag ook niet goedkeurt. Draken in de lagere frequentie hebben sterkere familiebanden en de vaders worden door de moeders aangemoedigd om zich op een actieve, vriendelijke manier te bemoeien met hun nakomelingen en alle jonge draken. Om daarvoor te zorgen, doen de vaders vaak meer aan sport en spelen ze met de jonge draken. Dus de vaders, moeders en jonge draken zijn niet zo alleen als wij meestal zijn in onze wereld met een hogere frequentie."

"Sorry dat ik mijn vraag nog een keer stel, maar je hebt nog geen antwoord gegeven," zei ik. "Denk je dat de twee drakenvolken in de toekomst samen kunnen evolueren?"

"Het is niet onmogelijk," zei hij. "We zijn duizenden en duizenden jaren doorgegaan met kruisen voor ons beider doelen. Hmm..., dus het is mogelijk. Draken van beide werelden zijn wezens van vier elementen. Beiden kunnen vuurspuwen, vliegen, op de aarde lopen en in water zwemmen." "Wanneer is het vuurspuwen begonnen?" onderbrak ik, omdat ik niet wilde dat hij op zaken vooruit liep. "Dat heb je nog niet uitgelegd."

"Daar kwam ik nog op," zei hij, glimlachend over mijn poging hem bij het onderwerp te houden. "Het vuurspuwen begon toen we landwezens werden. We konden niet zo snel met onze poten rennen als andere landdieren, die een voorsprong hadden in de evolutie op land, maar we ontdekten dat we vuur konden gebruiken om onze prooi aan te vallen en te doden. We waren toen nog vleeseters."

Ik ging terug in de tijd en was getuige van de eerste pogingen van draken om te vliegen. Toen hun kleine vleugels begonnen te groeien, huppelden ze over de grond en spuwden kleine vuurballen naar vluchtende prooien. Omdat dit niet erg effectief was, leerden ze naarmate hun vleugels groeiden, dat het succesvoller was om van een klif te zweven om vogels in de lucht te vangen of om van bovenaf op een prooi te landen. Uiteindelijk werden ze lichter en aten ze minder vlees omdat meer gewicht hun vliegen belemmerde. Dit beeld verdampte en ik was weer terug bij Jake.

"Wat aten jullie om aan je energiebehoefte te voldoen?" vroeg ik, me afvragend of draken van vleeseters vegetariërs waren geworden.

"We hebben ons nooit echt aangetrokken gevoeld tot de plantenwereld," zei hij, terwijl hij me goedmoedig een por gaf. "Ik zou denken dat je zou beseffen waar we onze energie vandaan halen, gebaseerd op alles wat we tot nu toe hebben besproken."

"Ik denk edelstenen en kristallen, maar ik zou graag willen weten of er een tussenstap was tussen het eten van dieren als voedsel en het absorberen van energie uit mineralen?"

"Het is goed om er zeker van te zijn dat je het begrijpt," antwoordde Jake. "Draken evolueerden van vleeseters naar het absorberen van energie uit edelstenen en mineralen. Dit was hetzelfde voor zowel de draken met een hogere als die met een lagere frequentie. Hmmm...hmmm... Maar de draken in de lagere frequentie consumeerden langer dieren dan wij. Tot zover je kennismaking met de drakenwereld en onze evolutie."

"Voordat we stoppen, heb ik nog een paar vragen. Ik vraag me af of je nog steeds evolueert en zo ja, op welke manier?" vroeg ik.

Hij ademde uit met overdreven geduld om aan te geven dat mijn vraag voor zichzelf sprak. Toen, zich gedragend als een toegeeflijke draak van de lagere frequentie die voor zijn jong zorgt, zei mijn drakenbroer: "Natuurlijk evolueren we nog steeds. Als we naar hogere frequenties gaan, worden we minder vast van vorm. We worden causale wezens. Gedachtewezens. En het hebben van een fysiek lichaam wordt steeds minder belangrijk voor ons. We leven door ons te verenigen met de Bron van Alles, zoals ik al zei, en de Bron van Alles is onze energiebron. De draken in de lagere frequentie zijn daarentegen nog steeds aan het leren hoe ze mineralen moeten gebruiken voor energie. In feite, toen we besloten wie er over de drakenwereld zou moeten schrijven, vroegen we ons af of het beter was om een draak met een lagere frequentie te vragen om met jou te spreken."

"Waarom was dat?" vroeg ik. Ik was teleurgesteld dat ik bijna was afgewezen door de draken met een hogere frequentie. Tegelijkertijd was ik opgelucht dat ik niet bij grotere, woestere draken terecht was gekomen. "Kiezen wie met je moest spreken was moeilijk omdat het voor jou gemakkelijker zou zijn om toegang te krijgen tot de midden astrale frequentie waarin de draken met een lagere frequentie verblijven, aangezien hun wereld wat dat betreft dichter bij die van jullie Aarde ligt dan onze hogere astrale wereld."

"Wat deed jullie besluiten om een draak met een hogere frequentie met mij te laten praten?" vroeg ik.

"Het feit dat je uitgebroed bent door onze moeder en dat ik je nestbroer ben, gaf de doorslag. Het deed ons geloven dat we je naar onze hogere frequentie konden brengen om je over onze drakenwereld te leren. Ook hebben draken met een lagere frequentie minder interesse om met mensen te praten dan wij."

"Omdat?" vroeg ik.

"Zij hebben een moeilijker verleden met mensen, aangezien jullie op elkaar jaagden. Ze voelen zich misschien vijandig richting jou en jij richting hen. Daarom, hoewel ze meer emotioneel ingesteld zijn zoals mensen, zou het voor geen van jullie beiden een erg nuttige ontmoeting zijn. Dat is genoeg voor vandaag."

Toen hij weg was, realiseerde ik me dat ik op twee gedachten hinkte. Een deel van mij prees zich gelukkig dat hij en zijn moeder me in hun wereld hadden verwelkomd. Tegelijkertijd begon ik me af te vragen of het nuttig zou zijn om met draken te spreken die in de lagere astrale frequentie leefden. Hoe meer ik over deze mogelijkheid nadacht, hoe belangrijker dit idee in mijn hoofd werd. Het liet me niet los. Verdienden die draken het immers ook niet om vertegenwoordigd te zijn in dit boek? Ik hoopte nog steeds dat onze broedmoeder en vader met me zouden praten, maar nu voegde ik de draken met een lagere frequentie toe aan de lijst van gesprekken die ik wilde voeren.

De Kristallen Grot

De volgende dag nam ik de tijd om naar mijn meditatietuin te gaan. Ik was ontspannen omdat ik eindelijk het gevoel had dat ik grip kreeg op de drakenwereld. Terwijl ik in meditatie ging, centreerde ik mezelf en wachtte tot Jake arriveerde. Hij verscheen niet. Toen ik hem met mijn innerlijk oog zocht, vond ik hem rustend in een grot in zijn wereld. Het was duidelijk dat ik naar hem toe moest gaan. Terwijl ik mijn aandacht op hem en de grot richtte, landde ik voor hem op de grond.

"Onze band is nu sterk genoeg dat je naar mijn wereld kunt komen," zei hij, terwijl hij me verwelkomde. "Het wordt tijd dat je je grenzen verlegt, want je werd lui door te wachten tot ik naar jou toe kwam. Bovendien werd het vermoeiend voor mij."

"Wat? Ik dacht dat je gisteren naar mijn tuin kwam," zei ik verbaasd.

"Heb je me daar gezien?" vroeg hij, terwijl hij zijn wenkbrauw optrok.

Terugdenkend realiseerde ik me dat ik hem niet op een specifieke plek had gezien. Ik herinnerde me een lege ruimte om hem heen en nam aan dat hij in mijn tuin was. Toen hij mijn gedachten las, ging hij daarop door. "In werkelijkheid ontmoetten we elkaar tussen jouw wereld en de mijne," zei hij. "Daarom zag je alleen zwarte ruimte. We dachten dat beelden en hologrammen net zo gemakkelijk in de ruimte kunnen bestaan als in jouw tuin of in mijn grot. Jouw frequentie is nu hoog genoeg om in gedachten naar mijn wereld te komen; toch wist ik dat je eerst een tussenstap nodig had. Daarom ontmoetten we elkaar gisteren in de diepe ruimte in de hoge astrale, lage causale frequentie." Er kwamen veel vragen in me op naar aanleiding van zijn verrassende, nieuwe informatie.

"Hoe kunnen frequenties tegelijkertijd hoog astraal en laag causaal zijn?"

"Alle emoties bevinden zich in de astrale frequentie en wanneer je gedachten neutraal van emotie zijn, bevinden ze zich in het causale rijk. Onze drakenwereld - ik bedoel dan de wereld met een hogere frequentie - bestaat in dat hoge astrale, lage causale frequentiegebied. De drakenwereld met een lagere frequentie bevindt zich in een midden astrale frequentie."

"En hoe zit het met de Aarde?" vroeg ik, benieuwd naar de mens.

"De frequentie van jullie planeet en de mensen is niet identiek," antwoordde hij, terwijl hij mijn gedachten las. "De Aarde, Gaia, was in een lagere astrale frequentie, maar beweegt zich nu naar een meer middenbereik. Jullie mensen daarentegen bestaan in een heel scala aan frequenties, afhankelijk van de dag, je leefomstandigheden, je vrienden en je gedachten. Het is nauwkeuriger om jullie frequentie in rust vast te stellen, maar zelfs dan is er een heel scala aan frequenties. Een groot aantal mensen bevindt zich in het laagste astrale rijk, de meerderheid bevindt zich iets hoger en sommigen bevinden zich in hoge astrale frequenties, waar positieve emoties zoals mededogen, vergeving en liefde bestaan."

"Verschillen draken niet in frequenties?" vroeg ik.

"Helemaal niet. Er zijn slechts kleine verschillen in frequentie als wij draken met een hogere frequentie in rust zijn, en die zijn meestal het gevolg van de leeftijd van de draak in plaats van zijn of haar zielsontwikkeling."

"Ik denk dat elementalen net als mensen in frequenties variëren, afhankelijk van hun spirituele ontwikkeling," zei ik, denkend aan alle elementalen die ik had gekend. "Waarom is het anders voor draken?"

"Simpel gezegd: hoe hoger de frequentie, hoe stabieler deze is. Draken leven in een hoge frequentie en mensen niet. In feite zit jij aan de grens van de gelijkmatige frequentie die je kan bereiken als je naar mijn wereld komt. Ik benadruk het woord 'gelijkmatig' omdat wij draken het erg moeilijk vinden om bij jou te zijn, of bij welk wezen dan ook, als je frequentie op en neer schiet al naar gelang je emotionele ups en downs."

"Oeps," antwoordde ik met een glimlach, in een poging mijn frequentie positief en stabiel te houden.

"Hahaha. Ik hou van je humor, Tanis," grinnikte hij. "Humor is niet een van onze sterkste punten en veel jongeren, zoals ik, waarderen het. Een van de redenen waarom ik werd uitgekozen om met je te spreken, was, omdat ik als jonge draak flexibeler was en in staat tot een groter emotioneel bereik en me meer op mijn gemak kon voelen bij jou. Maar een woord van advies. Je bent nu in mijn wereld en ik wil je meenemen om hem te laten zien; daarom moet je kalm en evenwichtig zijn om andere draken niet van streek te maken."

"Super," antwoordde ik, opgewonden bij het vooruitzicht om de drakenwereld zelf te zien.

Jake beoordeelde me opnieuw. "Laten we even pauzeren. Ik wil je voorbereiden op een excursie in onze wereld."

"Wat je me ook aanraadt om het makkelijker te maken, ik vind het prima," antwoordde ik, bereid om me aan te passen.

"In dat geval, maak het jezelf gemakkelijk," zei hij, terwijl hij een stoel visualiseerde waar ik op kon gaan zitten. "Ga in de stoel zitten, haal diep adem, ontspan en word diep ontvankelijk."

Zijn instructies volgend, nam ik de tijd om de grot te onderzoeken en herkende deze als dezelfde grot die ik in mijn visioen lang geleden had gezien.

Toen hij mijn gedachten hoorde, legde hij uit: "Het is dezelfde grot. Onze moeder wist dat het makkelijker voor je zou zijn om met me te praten in deze vertrouwde omgeving, omdat je herinneringen ingebed zijn in de cellen van de muren."

"Elke keer als je een onderwerp aansnijdt, vind ik het moeilijk om daar niet dieper op in te gaan. Bijvoorbeeld, als je het hebt over de cellen van de grot die mijn herinneringen oppikken, wil ik dat bespreken... ondanks dat ik graag jouw wereld uit de eerste hand wil zien."

"Dit gebeurt om verschillende redenen," legde Jake uit. "Draken ontvangen niet alleen informatie van hun moeders en voorouders, maar ook van de herinneringen van de mineralen in hun broedgrotten. Daarom wordt veel van wat ik jou vertel intuïtief gekend door draken. Het wordt in onze lichamen ingebracht als een 'weten'. Deze herinneringen zijn voedsel voor ons dat we absorberen vanaf onze tijd in het ei tot de tijd dat we uitvliegen. De levenskracht van de stenen die deze grot vormen bevatten herinneringen aan mij, mijn voorouders en dat jij hier bent."

"Aangezien je het al over 'onze' grot hebt, kun je wat meer vertellen over hoe drakenverblijven herinneringen van de bewoners vasthouden?" vroeg ik, omdat ik het proces wilde begrijpen dat draken gebruikten om herinneringen in te prenten in eieren en broedsels.

"Elke afstammingslijn gebruikt specifieke grotten al generaties lang, dus de mineralen in de muren en de vloer hebben levendige herinneringen van degenen die erin gewoond hebben. Een draak van de ene afstammingslijn zou nooit overwegen om in een grot van een andere afstammingslijn te gaan wonen. Wij zijn territoriale en solitaire wezens. Jullie hebben katten in jullie wereld die meestal solitair zijn en wij zijn zoals zij. We zouden nooit overwegen om een grot van een andere afstammingslijn te bezoeken, of zelfs de grot van een van onze eigen afstammelingen, zonder eerst een telepathisch verzoek te sturen om te zien of dat acceptabel is. Dat is de reden waarom elk van onze onderkomens herinneringen bevat die specifiek zijn voor individuele draken."

Terwijl hij sprak, onderzocht ik de grot die ik in mijn visioen had gezien om te kijken of ik herinneringen kon ophalen aan de voorouders die hier gewoond hadden. Herinneringen kwamen in me op, maar vervlogen sneller dan dat ik ze kon herinneren. Ik sloot mijn ogen en keek dieper. Op slag was ik terug in mijn eerste, lang vervlogen visioen toen ik drakenpoten zag en links van me het ei van een draak. In plaats van deze ervaring te ontvluchten, zoals ik eerder had gedaan, bleef ik en keek toe hoe de schaal van het ei begon te barsten.

Ik draaide me naar de moederdraak en bekeek haar voor het eerst van dichtbij. Ze was groter dan Jake en donkerder van kleur... indigo, bijna zwart. Met wijze ogen keek ze toe hoe het ei barstte, maar ze ging er niet naartoe om te helpen. Ik begreep dat het jong sterk genoeg moest zijn om op eigen kracht te overleven.

Een natte draak kwam tevoorschijn. Glimlachend herkende ik Jake... niet dat hij er hetzelfde uitzag... maar hij voelde hetzelfde. Hij hief zijn magere nek op en staarde aandachtig in de donkere, amberkleurige ogen van zijn moeder en ik voelde en zag hoe ze haar herinneringen in de vorm van beelden naar hem downloadde. Geen van beiden bewoog terwijl dit gebeurde. Uiteindelijk sloot hij uitgeput zijn ogen. Pas toen kwam ze dichterbij en opende haar lichter gekleurde blauwe vleugels en legde ze over hem heen om hem te verwarmen, net zoals een pasgeboren kuiken warm wordt gehouden door de moederkloek. Wetende dat ze geobserveerd werd, draaide zich naar me toe en erkende mijn aanwezigheid. Ik bespeurde geen vijandigheid en wist dat ze het goed vond dat ik getuige was van het proces van uitbroeden.

"Zal ik mijn herinneringen met je delen, nestjong?" vroeg ze me telepathisch. Haar stem was zowel krachtiger als meelevender dan die van mijn nestbroer.

"Dat zou ik wel willen, in het geval dat mijn brein zo geconfigureerd zou zijn dat dat zou kunnen," antwoordde ik, wetende dat mijn menselijk lichaam niet meer kon verschillen van dat van haar drakenlichaam.

"Dit heeft niets te maken met je fysieke brein," glimlachte ze geamuseerd. "De geest bestaat buiten ruimte en tijd en onze geesten spreken met elkaar."

Gerustgesteld richtte ik me op haar ogen, zoals ik Jake had zien doen. Haar intense amberkleurige ogen hielden de mijne magnetisch vast. Ze was zo krachtig dat het onmogelijk zou zijn geweest om de verbinding te verbreken. Voor een fractie van een seconde raakte ik ongecontroleerd in paniek. Warme gevoelens van liefde en medeleven overspoelden me en ik voelde haar acceptatie van mij, een mens, haar bereidheid om me uit te broeden en bovenal haar verlangen om haar voorouderlijke afstammingslijn met me te delen.

Toen ik me openstelde om haar voorouderlijke herinneringen te ontvangen, voelde het alsof ik aangesloten werd op een levende

computer, een computer die zich in mijn bewustzijn aan het downloaden was.

Vanaf de vroegste tijden zag ik de indigo draken hun
gaven van magie, diepgaand weten en transmutatie ontwikkelen,
zowel in hun wereld als toen ze naar de sterren reisden waar ze
andere rassen bijstonden in het ontwikkelen van hun bewustzijn.
Toen ik dit infuus met levende herinneringen ontving, voelde ik
geen angst, alleen dankbaarheid. Ik wist dat zij en haar voorouders
bewust van plan waren geweest om mijn nestbroer te creëren om
ons mensenras te helpen en dat zij er zelfs voor had gekozen om mij
in de drakenwereld uit te broeden. Ik wist nog steeds niet precies
hoe ze dat had gedaan, maar zoals Jake had gevraagd, stelde ik die
vraag uit totdat het weten moeiteloos ontwaakte in mijn bewustzijn.
Toen de download was voltooid, liet mijn broedmoeder haar mag-
netische greep los en verdween, terwijl ze me nog een laatste blik
van goedkeuring toewierp. Sprakeloos kwam ik terug in het huidige
moment met Jake, die weer de grootte en leeftijd had waarmee ik
vertrouwd was.

Hij wachtte tot ik bijkwam van de intensiteit van de ervaring
voordat hij sprak: "Ik hoop dat je je bewust bent van de eer die onze
moeder je betracht heeft door je onze voorouderlijke herinneringen te
schenken. Wij delen onze herinneringen nooit buiten onze afstamming.
Ze heeft dit gedaan omdat het voor draken de meest directe manier
is om accurate informatie te delen."

Mijn stem hervindend, antwoordde ik: "Ik ben verbijsterd omdat
ik me deze ervaring niet herinner. Ik heb in mijn droom van lang
geleden nooit iets anders gezien dan haar poten. Hoe komt dat?"

"Je was er toen nog niet klaar voor om het je te herinneren. Deze
herinnering werd echter in je geplaatst om je voor te bereiden op je

terugkeer nu naar onze drakenwereld. Meer en meer word je je bewust van je ware geboorterecht en alles zal mettertijd gekend worden."

"Herinner je je steeds meer van de voorouderlijke herinneringen die bij je geboorte in je worden gedownload?" vroeg ik, mijn intuïtieve ingeving volgend.

"Absoluut," antwoordde mijn drakenbroer, voordat hij eraan toevoegde: "En jij ook."

Er ging een lampje branden. "Ik heb altijd geweten dat ieder van ons een cel heeft, iets wat ik de 'unicel' noem, die informatie van onze ziel opslaat. Deze informatie wordt ontgrendeld en komt beschikbaar voor gebruik naarmate onze frequentie tijdens ons leven stijgt. Ik heb altijd aangenomen dat onze ziel alleen zou downloaden wat nodig was voor ons specifieke doel in een bepaald leven. Ik heb mezelf nooit in de drakenwereld zien leven, wat, laten we eerlijk zijn, onmogelijk zou zijn als mens."

"Je probleem is dat je een verkeerde veronderstelling maakt. Je bent zo gehecht aan je huidige fysieke menselijke vorm dat je je niets anders kunt voorstellen."

"Dat is waar, maar het probleem blijft. Ik ben een mens en jij bent een draak en jouw wereld is gemaakt voor draken. Hoe zal ik die kunnen verkennen?"

Ik stond op uit mijn stoel en liep naar de ingang van de grot. Toen ik naar beneden keek, zag ik dat we honderden meters in de lucht waren. Jake kwam naast me staan. Ik wist niet zeker of dit geruststellend was of me onzekerder maakte. Ik ben nooit zo'n fan geweest van hoogtes en er waren veel meer plekken waar ik liever was. Ik had ook geen idee hoe hij me in zijn wereld zou rondleiden. Het was duidelijk dat we niet gingen lopen en ik zag geen helikopters opduiken voor mijn gemak.

Hij liet me even zweten en zei toen: "Je hebt twee keuzes. Of ik neem je mee op mijn rug of je visualiseert een drakenlichaam voor jezelf en vliegt met me mee."

"Heb je hier zadels en teugels?" vroeg ik, me herinnerend dat drakenrijders in fantasy boeken op deze manier reden...en veilig.

"Natuurlijk niet," antwoordde hij, terwijl hij zijn ogen afkeurend samenkneep bij mijn suggestie.

"Tot zover optie één. Wat is optie drie?" vroeg ik, want ik had geen idee hoe ik mezelf in een draak kon veranderen.

"Er is geen optie drie."

Terug naar de enige overgebleven optie vroeg ik: "Oké, hoe verander ik mezelf in een vliegende draak? Welk gereedschap...?"

"Geen gereedschap. Doe het gewoon," zei hij, mijn vraag afkappend.

"Concentreer je op hoe onze broedmoeder en ik eruit zien en stel jezelf voor in een drakenlichaam. Dit is de manier waarop anderen die onze wereld bezoeken het doen. En... een woord van advies. Zorg ervoor dat je jezelf evengroot als ons maakt. We zullen andere draken ontmoeten en we willen niet opvallen. Ik raad je aan vandaag te oefenen en voorbereid te zijn om te reizen als je morgen terugkeert."

Jake en de grot verdwenen en ik bevond me weer in mijn meditatietuin. Ik keek niet uit naar de huiswerkopdracht, maar hij had me duidelijk gemaakt dat ik het maar beter kon doen, en goed ook, anders zouden er geen uitstapjes in de drakenwereld volgen. Dit ultimatum was een geweldige motivatie om meteen te beginnen met oefenen.

Ik begon met het visualiseren van onze drakenmoeder omdat zij en ik allebei van het vrouwelijke geslacht waren. Omdat zij ouder was, was ze groter dan mijn gedeeltelijk volwassen jongere broer. Ook wist ik intuïtief dat vrouwelijke draken groter waren dan mannelijke. Het visualiseren van een drakenlichaam was verrassend eenvoudig, maar ik wist niet wat ik met mijn kleur moest doen. Om mijn kleur te zien, zou ik naar mezelf van buitenaf moeten kijken, maar ik wilde mijn drakenlichaam niet opgeven. Als draak voelde ik me groot, krachtig, zelfverzekerd en ik wilde het uitgebreid onderzoeken. Helaas, omdat ik twijfelde aan mijn vermogen om een drakenlichaam te behouden, verloor ik mijn focus en kwam ik terug in mijn menselijk lichaam. Teleurgesteld probeerde ik mezelf opnieuw voor te stellen als draak en het werkte. Ik zette mijn verlangen om mijn kleur te zien opzij, feliciteerde mezelf met mijn succes en besloot dat ik genoeg had bereikt om Jake tevreden te stellen.

De Afstammingslijnen van Draken

Toen ik de volgende dag naar de bank in de tuin liep, was de druk groot. Zou ik een drakenlichaam kunnen creëren om naar de draken-wereld te gaan? Ik herhaalde wat ik de vorige avond had gedaan door mezelf te visualiseren als een grote, vrouwelijke indigo zwarte draak. Met andere woorden, ik kopieerde hoe mijn broedmoeder eruit zag.

Ik begon met klauwen en stelde me voor dat ze gespierd waren met grote scherpe nagels. Mijn geschubde poten maakte ik identiek aan de zuilen die ik jaren geleden voor het eerst in de grot had gezien. Ik bekeek mijn buik en zag dat die mollig en rond was, veel dikker dan de slanke torso die ik als mens had. Per slot van rekening, als ik een draak zou zijn, kon ik mezelf net zo goed het lichaam geven dat ik wenste. Nu de rest van mijn lichaam. Donker indigo, bijna zwart, leek goed. Oeps... er liep groen en roze doorheen, vooral onder mijn vleugels die mooi en delicaat waren, maar sterk genoeg om mijn heer-lijk mollige lichaam te dragen. Uiteindelijk keek ik naar mijn ogen. Ze waren goudkleurig met een zwarte iris, maar enigszins teleurgesteld zag ik mijn menselijke uiterlijk erin weerspiegeld. Verdorie, deed ik iets verkeerd?

Toen ik mijn uiterlijk bekeek, was ik blij verrast dat mijn draken-uiterlijk stand hield. Ik feliciteerde mezelf en besloot dat het goed genoeg was om aan Jake te presenteren. En noem me een tut, maar ik was blij dat ik groter dan hem zou zijn. Terwijl ik me aandachtig concentreerde op het vasthouden van mijn drakenvorm, projecteerde ik mezelf mentaal in de grot en landde naast Jake. Hij richtte zich in zijn volle lengte op en liep om me heen om te controleren of ik al mijn menselijke delen had vervangen door die van een draak. Hij keek me weer aan, keek in mijn ogen en glimlachte: "Goed gedaan. Heel indrukwekkend."

"Bedankt," zei ik. "Ik heb echter ontdekt dat mijn menselijke uiterlijk wordt weerspiegeld in mijn ogen, terwijl jouw ogen een drakenlichaam weerspiegelen."

"Dat is normaal. Maak je daar geen zorgen over. Draken zullen altijd weten dat je een mens bent als ze in je ogen kijken. Er is niets aan te doen en de meeste draken zullen het niet erg vinden dat je een mens bent die een drakenlichaam heeft aangenomen. In feite zullen mijn jonge metgezellen zowel geamuseerd als nieuwsgierig naar je zijn."

"Gaan we ze ontmoeten?" vroeg ik angstig. Eén draak leek me genoeg.

"Ja, dat klopt, maar voordat we de grot verlaten moet je onze verschillende afstammingslijnen begrijpen. Dit zal je helpen om andere draken te herkennen en hun gaven te identificeren als, de Bron zij met ons, een oude draak zich tot je richt."

"Dat is een perfecte manier om te beginnen," erkende ik, terwijl ik naast hem hurkte.

"Elke afstammingslijn domineert een van de energiestralen en hun kleur toont hun belangrijkste gave, kracht en zielsfrequentie. Alle wezens, zelfs mensen, hebben een dominante zielsenergie die door een bepaalde straal wordt aangeduid. Wanneer je een draak ontmoet, zul je merken dat hij of zij een dominante kleur heeft en andere minder belangrijke kleuren."

"Ja, ik zie dat je verschillende kleuren hebt. Kun je uitleggen wat ze betekenen?"

"Kijk naar mij," zei hij, terwijl hij opstond en zijn vleugels uitsloeg. "Mijn overheersende kleur is indigo, maar mijn borst en buik bevatten veel blauwe tinten en zelfs vleugjes groen. En mijn vleugels hebben, als je goed kijkt, rode vlekken."

Terwijl Jake sprak, spreidde hij zijn vleugels uit, zodat ik glimpen rood kon zien en, terwijl hij van de ene poot op de andere wiebelde, zag ik verschillende blauwe en groene tinten.

"Laten we nu eens naar jouw kleuren kijken, Tanis," zei hij, terwijl hij me bestudeerde. "Jij bent merendeels indigo zoals ik, maar donkerder omdat jij ouder bent in mensenjaren en ik jonger in drakenjaren.

"Sla je vleugels eens uit?" zei hij en ik deed wat hij zei. "Zoals ik al dacht, heb je veel groen en roze onder je vleugels verstopt."

"Ik zou niet zeggen 'verstopt'," onderbrak ik, beledigd. "Maar goed, wat betekenen deze kleuren?"

"Laten we beginnen met indigo, want dit is zowel jouw als mijn dominante kleur en afkomst. We ontvangen deze afstamming van onze moeder. Indigo is, zoals we al zeiden, de kleur van magie en transmutatie en dat zijn onze gaven. Leden van mijn afstamming zorgen ervoor dat er veel kristallen zijn ingebed in de structuren van onze grotten die helpen om transmutatie te katalyseren. Draken kiezen grotten die hun specifieke gaven weerspiegelen en eraan bijdragen."

"En hoe zit het met mijn groene en roze kleuren?" vroeg ik.

Hij zweeg en keek me met een doordringende blik aan. Ik had het gevoel dat ik grondig werd beoordeeld en werd me ervan bewust dat hij wachtte tot ik in de best mogelijke frequentie was, voordat hij verder ging. "Ik heb een idee. Ik denk dat het beter voor je zou zijn om draken met verschillende gaven te ontmoeten om van hen te leren wat hun kleuren betekenen."

"Ik wil graag je jonge vrienden ontmoeten, maar alsjeblieft geen oude draken. Ben ik er nu klaar voor?" Ik keek ernaar uit om de draken-wereld zelf te zien, maar toch, moet ik bekennen, was ik nerveus om meer draken te ontmoeten.

Hij sloot zijn ogen, keerde naar binnen en ik voelde dat hij een telepathische boodschap uitzond. Even later opende hij zijn ogen en zei: "Ik heb mijn vrienden gevraagd om naar onze ontmoetingsplaats te komen. Ik zou je kunnen teleporteren, maar dat kost veel energie. Ben je in staat om met me mee te vliegen?"

Terwijl hij sprak, liep hij naar de ingang van de grot en verwachtte dat ik hem zou volgen, wat ik deed. Toen ik vanuit de ingang naar buiten keek, zag ik dat we ons vele honderden meters in de lucht bevonden met een steile afgrond.

"Wat dacht je van een testvlucht in de grot?" stelde ik voor, onzeker over mijn kunnen.

"Volg mij, we zullen langzaam aan doen," zei hij en dook de lucht in.

Ik wapperde een paar keer met mijn vleugels om moed te ver-zamelen en sprong van de klif. 'Niet naar beneden kijken. Niet naar beneden kijken' bleef ik tegen mezelf zeggen terwijl ik mijn vleugels op en neer bewoog. Tot mijn opluchting merkte ik dat ik geen hoogte verloor en min of meer horizontaal vloog. Het geheim leek te zijn om mijn drakenlichaam te laten doen waar het voor gemaakt was en er niet over na te denken. Op dat moment kwam Jake naast me vliegen, knikte bemoedigend en richtte mijn aandacht op de heuvels in de verte. "Daar zullen we de anderen ontmoeten," zei hij telepathisch. "Ze beseffen dat je een mens bent en zullen jouw eigenaardigheden tolereren."

"Welke eigenaardigheden?" vroeg ik. Ik had geen idee wat hij bedoelde en wilde een goede indruk maken door belemmeringen uit de weg te ruimen. "Dit verlangen om te behagen is een van die eigenaardigheden. Draken doen daar niet aan. Het is een menselijke eigenschap, ik zou zeggen zwakte, omdat het energie verspilt die beter besteed kan worden aan datgene waartoe je je geroepen voelt. Hoe dan ook, we zijn er bijna. Ik stel voor dat je niets zegt en mij de introductie laat doen."

Jake was nu volledig serieus en het drong tot me door dat zijn leeftijdsgenoten zijn project om een mens te onderwijzen zouden beoordelen op basis van hoe ik presteerde. Ik was zo trots op mijn natuurlijke vliegvaardigheden als draak dat ik besloot dat zijn vrienden ontmoeten niet zo erg kon zijn. Ik nam me voor me zo goed mogelijk te gedragen en keek recht voor me uit toen we de heuvels naderden.

Hij vertraagde en zweefde boven een plateau in een cirkelvormige kom omringd door bergen. Toen ik naar beneden keek, zag ik draken in diverse kleuren hun kop opsteken om ons te observeren. Jake landde een beetje uit de buurt van de drakengroep en ik waardeerde het dat hij me de ruimte wilde geven voor mijn allereerste landing. Denkend aan de manier waarop vliegtuigen hun vleugelkleppen aanpassen als ze landen, maakte ik een prachtige landing en gaf mezelf opnieuw een mentale 'high-five'. Toch voelde ik me, in tegenstelling tot de jonge draken, nog niet zeker in mijn draak-zijn.

"Hallo, hallo," zei een aantrekkelijke groene draak die naar ons toe waggelde. "Dit is een speciale dag als een mens ons komt bezoeken," zei hij, waarbij hij zijn hoofd schudde en grijnsde zoals alleen draken kunnen doen, waarbij hij zijn lange tanden ontblootte. Niet zeker van het juiste protocol, knikte ik terug.

"Tanis," zei mijn drakenbroer, "maak kennis met Hisssflllummm." Drakennamen waren duidelijk niet bedoeld voor de menselijke stem, dacht ik bij mezelf toen Jake de naam van de groene draak siste en neuriede. "Zoals je ziet is hij van de smaragdgroene afstammingslijn en hij zal uitleggen wat dat betekent."

Terwijl mijn broer sprak, bleven de andere draken waar ze waren. Ze leken aan te voelen dat ik maar één nieuwe draak tegelijk kon ontmoeten en wisten dat hun beurt nog komen zou. De groene draak, nog steeds glimlachend, begon: "De tinten van groene draken kunnen uiteenlopen van limoengroen tot mintgroen en we kunnen zelfs herfstgroen in onze vleugels hebben en saliegroen in ons bovenlichaam. Zoals je kunt zien ben ik lentegroen, maar naar verwachting zal ik donkerder worden tot smaragdgroen naarmate ik ouder word. Dat vindt doorgaans plaats."

De jonge draak keek naar Jake en gaf hem een mentaal duwtje met de vraag of ik slim genoeg was om te begrijpen wat hij had gezegd.

Jake begon te lachen en antwoordde: "Ze begrijpt alles en je hebt geluk dat ze je niet bestookt met vragen."

Was dat een teken voor mij om te gaan praten, vroeg ik me af? Maar voordat ik met de groene draak kon praten om hem te laten weten dat ik intelligent was, gaf mijn drakenbroer me een krachtig 'NEE'.

"Hahaha!" lachte de groene draak, terwijl hij onze uitwisseling oppikte. "Ik zie wat je bedoelt."

"Vertel haar je gaven," drong mijn broer aan.

"De meeste verhalenvertellers zijn smaragdgroene draken," begon Hisssflllummm, "omdat we een lichtere, nieuwsgierigere en niet zo'n serieuze frequentie hebben. We behouden onze innerlijke jeugd op een manier die andere afstammingslijnen misschien niet hebben. Natuurlijk zijn de ouden van alle afstammingslijnen verhalenvertellers omdat ze kunnen spreken over hun afkomst en voorouders en vanuit hun diepgaande persoonlijke kennis. De smaragdgroene afstammingslijn is echter bijzonder goed in het vertellen van verhalen over individuele draken die uniek zijn geweest. Ze vertellen deze verhalen ter vermaak, maar bevatten ook lessen. Wij hanteren een luchtige, humoristische aanpak terwijl indigo draken meer educatief zouden zijn."

"Mag ik onderbreken en een vraag stellen?" vroeg ik, toen hij pauzeerde om adem te halen. "Op mijn planeet, Aarde, associëren we de kleur groen vaak met de plantenwereld. Ik vraag me af of draken tuinen, planten en bomen hebben, en zo ja, is de smaragdgroene afstammingslijn daarmee verbonden?"

"Dat is een goede vraag," antwoordde hij. "Daar had ik nog niet over nagedacht. Hmmm...hmmm... We hebben jullie planeet bestudeerd en van wat ik heb geleerd, is onze wereld dorder. Het is bergachtiger en onze bergen zijn hoger. Onze oceanen zijn ook dieper. Onze omgeving is dramatischer, extremer in alles. Hmmm...hmmm... Sommige gebieden hebben zeer hoge bomen en planten, maar dat zijn er relatief weinig. We denken niet veel na over planten. We houden ons meer bezig met mineralen en daar heeft onze wereld er genoeg van."

Hisssflllummm keek goedkeurend naar mijn drakenbroer en stelde hem mentaal een vraag. Jake knikte en de groene draak wendde zich tot mij en zei: "Ik weet dat je goed bent in het geven van bijnamen; ik wil er ook graag een."

Bijnamen leken de nieuwste drakenrage te zijn en ik was blij te kunnen helpen. Ik sloot mijn ogen, concentreerde me op zijn vrolijke, praatgrage persoonlijkheid en kreeg de perfecte naam door.

"Kenny," antwoordde ik. "Deze naam doet me denken aan Ierland en op mijn planeet heeft Ierland de bijnaam 'het smaragdgroene eiland'.

"Kenny, dat is het," bevestigde hij glimlachend.

Hij draaide zich om en liep terug om zich bij de anderen te voegen op hetzelfde moment dat een robijnrode draak naar voren kwam om zijn tijd op te eisen. Ik stapte behoedzaam achteruit toen hij dichterbij kwam. Hij was groter en breder dan de andere jonge draken en straalde een immense vuurenergie uit. "Wees niet bang voor me," zei hij met een diepe basstem. "Als mens associeer je rood met strijdlust, maar robijnrode draken hebben deze eigenschap niet. Voor ons is rood de kleur van warmte en energie."

Hij draaide zijn hoofd naar de andere draken terwijl hij sprak en ze knikten instemmend. Hij draaide zich terug naar mij en vervolgde: "Wij robijnrode draken hebben een verscheidenheid aan kleuren, variërend van geeloranje via karmozijnrood tot donkerrood, bijna mahonie. Onze kleuren weerspiegelen de kleuren van de zon. Onze gave is warmte en andere afstammingslijnen zoeken ons op voor dat doel."

Ik moet er kennelijk wat wezenloos uitgezien hebben, want de robijnrode draak onderbrak zichzelf en besloot een voorbeeld te geven waarmee ik me kon identificeren.

"We hebben verschillende seizoenen in onze wereld, net zoals jullie op aarde," legde de robijnrode draak uit. "In seizoenen van energie, zoiets als jullie zomer, zijn robijnrode draken zeer actief om mineralen en kristallen te verzamelen, die ze aan andere draken beschikbaar stellen voor voedsel en vele toepassingen. Tijdens het winterseizoen komen draken samen op een groter gemeenschappelijk terrein om naar verhalen te luisteren. Draken hebben meestal liever geen andere draken in hun buurt, maar ze willen bij ons in de buurt zijn omdat wij warmte en energie uitstralen. Als jullie mensen je oorlogszuchtige emoties achter je laten, zullen jullie rood niet langer associëren met oorlogszuchtige eigenschappen, maar meer zien als een vorm van energie."

Zijn laatste opmerking voelde enigzins vinnig, wat misschien niet zijn bedoeling was, omdat robijnrode draken direct leken te zijn. In ieder geval, hij was klaar en liep terug naar de anderen en knikte naar een saffierblauwe draak, haar aanmoedigend om met mij te spreken. De saffierblauwe draak, die rust en vrede uitstraalde, nam haar tijd om naar voren te lopen.

"Zoals je kunt zien," zei ze langzaam bij wijze van introductie, "heb ik vooral de kleur van de lucht. Onze afstammingslijn varieert in kleur van heel lichtblauw, bijna wit, tot marineblauw. We kunnen een paar vlekjes van verschillende kleuren hebben die we van andere afstammingslijnen hebben geërfd, maar de saffierblauwe draken hebben de zuiverste afstammingslijn. Wij zijn het minst geneigd om met andere draken te paren omdat we onze afstammingslijn zuiver willen houden." Zich omdraaiend naar de robijnrode en smaragdgroene draken voegde ze er niet zonder humor aan toe: "Soms wordt een saffierblauwe vader gevraagd om te paren met een robijnrode of smaragdgroene moeder om de jongen die in die afstammingslijn geboren worden kalmer te maken."

De robijnrode en smaragdgroene draken glimlachten en voelden zich niet beledigd, wat aantoonde dat dit een oude grap was over hun verschillen.

De saffierblauwe draak richtte haar aandacht weer op mij en vervolgde: "We hebben er al ontelbare generaties lang voor gekozen om ons op het innerlijk te richten. In jullie termen zijn wij de meditatieve, spirituele soort. We zijn meer geïnteresseerd in de binnenwereld dan in de buitenwereld. We reizen zelden naar andere werelden, of zelfs in onze eigen wereld, tenzij we nodig zijn. Soms zijn saffierblauwe draken nodig om ofwel draken te kalmeren die een conflict hebben, of achterblijvers die misschien gered kunnen worden als ze leren hun emoties te beheersen. We kalmeren andere draken niet door te praten, maar door een vreedzame kalmte uit te stralen."

"Kun je een voorbeeld geven waar draken een conflict over zouden hebben in jouw wereld?" vroeg ik, opgelucht te horen dat mensen niet de enigen zijn die conflicten hebben.

"Oké, ik zal een voorbeeld geven," zei ze, blij te kunnen delen.

"Draken kunnen af en toe een verhitte discussie voeren over manieren waarop onze evolutie zich verder zou moeten ontwikkelen. Sommigen willen misschien sneller vooruit in een richting die anderen als gevaarlijk beschouwen. Op zo'n moment zou een saffierblauwe draak deze discussies bijwonen, zodat alle draken op een meer meditatieve, kalmere manier konden ontdekken welk pad de Bron van Alles wenste. Onze verschillen komen voort uit de verschillende perspectieven op het onderwerp afhankelijk van onze afstammingslijnen, eerder dan door hoever we gevorderd zijn in onze evolutie. We zijn een ras dat nog in ontwikkeling is en nog niet perfect."

"Hetzelfde geldt voor mensen," onderbrak ik, in een poging om overeenkomsten tussen onze rassen aan te tonen. "Afhankelijk van onze cultuur en opvoeding kunnen we heel verschillende dingen willen." De saffierblauwe draak trok zich in zichzelf terug en ik besefte dat ze meer had gesproken dan ze normaliter deed. Mentaal en met een kleine glimlach vroeg ze me of ze ook een bijnaam mocht hebben. Het was een voorrecht om dat te mogen doen, want ze straalde vrede en zowel innerlijke als uiterlijke schoonheid uit. Ik sloot mijn ogen, ontspande me in haar prachtige aura en haar naam kwam tevoorschijn. "Je bijnaam is Grace," zei ik. "Vind je hem leuk?"

"Oh, ja," antwoordde ze. "Grace is ideaal. Wat betekent het?"

"In mijn wereld betekent de naam Grace iemand die gezegend is en anderen voelen zich gezegend om bij haar te zijn."

Terwijl ik sprak, knikten de andere draken instemmend bij haar naam. Eén regenboogkleurige draak bleef over en ik had geen idee van welke afkomst die was. Toen deze dichterbij kwam, merkte ik, dat het net als de saffierblauwe draak een vrouwtje was. Ze glimlachte naar mijn drakenbroer toen ze dichterbij kwam en ik ving iets op als 'bedankt dat je haar gebracht hebt' in het bericht dat ze stuurde.

Ze boog zich naar me toe en zei: "Wij regenboogkleurige draken zijn verzorgers, genezers die gespecialiseerd zijn in het werken met onze achterblijvers op verschillende werelden. We hebben een beetje robijnrood, saffierblauw, smaragdgroen en indigo in onze kleur, vanwege de achterblijvers waar wij in gespecialiseerd zijn. Hmmm... Er is meer variatie in de verzorgerslijn dan in de andere afstammingslijnen, omdat achterblijvers van veel verschillende afstammingslijnen kunnen zijn. De draken uit de verzorgerslijn zijn gespecialiseerd in het helen en verzorgen van achterblijvers en degenen die op het randje zitten, maar nog steeds in onze wereld leven. We leren deze draken hoe ze hun emoties kunnen kalmeren, zodat ze met andere draken kunnen opschieten. Regenboogdraken brengen minstens 50 procent van hun tijd door in andere werelden. Als we terugkeren naar onze thuiswereld, rusten we om op te laden en werken we soms met jonge draken. Er zijn meer draken met regenboogkleuren dan van enige andere afstammingslijn."

"Er spelen twee vragen door mijn hoofd," zei ik tegen haar. "En de eerste is...," zei ze toegeeflijk.

"Waarom zijn er meer regenboogdraken?"

"Is dat niet duidelijk?" vroeg ze, zonder een antwoord te verwachten. "Lang geleden paarden draken niet voor specifieke eigenschappen. We paarden met individuele draken die we leuk vonden. Dat was een tijd waarin we in lagere astrale frequenties verbleven en daarom emotioneler waren. Toen waren de meeste draken een mengelmoes van afstammingslijnen. Nu proberen we onze afstammingslijnen relatief zuiver te houden, maar zoals je ziet heb ik, als draak van de regenboog afstammingslijn, alle kleuren."

"Worden regenboogdraken als minder gezien vergeleken met draken met een zuivere afstamming?" vroeg ik, me op riskant terrein begevend.

"Helemaal niet. We worden nu beschouwd als een zuivere afstamming en we paren met elkaar om deze traditie voort te zetten. Een van onze gaven naast genezen is, dat we flexibeler zijn dan de andere afstammingslijnen, omdat we uit zoveel afstammingslijnen bestaan."

"Tweede vraag...?" vroeg ze.

"Ik vraag me af of jullie gele draken hebben?"

"Nee. Geel is een tint van onze robijnrode draken," onderbrak de grotere, robijnrode draak ons.

"Dat klopt," erkende het regenboogkleurige vrouwtje, voordat ze eraan toevoegde: "Ik wil ook graag een bijnaam...als je het
niet erg vindt?"

Het was de eerste keer dat een draak aan mijn comfort dacht en
ik voelde dat rekening houden met anderen een van haar gaven was.
Toen ik mijn ogen sloot, zag ik haar vele regenboogtinten dansen op
het ritme van haar hartslag en haar naam kwam in me op. "Beth," zei
ik, terwijl ik mijn ogen opende.

"Perfect," glimlachte ze.

"Ik wil ook graag een bijnaam," zei de robijnrode draak en stapte
naar voren. "Ik had het je eerder moeten vragen."

"Dat is makkelijk," antwoordde ik. "Grant. Het is een krachtige
naam en die past bij jou."

"Ik accepteer hem," antwoordde Grant en in een flits zag ik zijn
kracht en de leider die hij zou worden.

"Zijn er witte draken, want ik zie er hier geen?" vroeg ik, terwijl
ik me richtte tot mijn drakenbroer, die geduldig had gewacht tot zijn
metgezellen aan de beurt waren geweest.

"Er zou iets vreselijk mis zijn als dat zou gebeuren," antwoordde
Jake, terwijl hij zijn hoofd van links naar rechts bewoog en naar de
andere draken keek om te zien hoe hij verder moest gaan. Ze sloegen
hun ogen neer, hem duidelijk makend dat hij er alleen voor stond om
mijn vraag te beantwoorden.

"Wit duidt in onze wereld niet op zuiverheid," ging hij verder.
"Het geeft leegte aan en het ontbreken van een afstamming. Een witte
draak zou niet gevoed worden. Oh, ik zie dat dit idee je afstoot. Onze
wetten en jullie wetten zijn niet noodzakelijkerwijs hetzelfde. Als
een draak 'leeg' is en geen afstammingslijn heeft, hoe kan hij of zij

dan leren en groeien? Het is niet alleen dat de kleur ontbreekt; het wezen mist ook een persoonlijkheid. Een witte draak zou niet verzorgd worden en soms zou een van onze vredesdraken er naar toe gaan en erbij blijven tot het stierf."

Hij wierp een blik op de andere draken om te zien of iemand iets wilde toevoegen. Beth, de vrouwelijke regenboogdraak, stapte naar voren.

"Normaliter zouden we voordat de draak uit het ei gekomen was, weten dat er een ernstig probleem was en zou het niet uitgebroed worden. Het komt zelden voor. Het kan gebeuren als de vader of de moeder te jong waren. Ze hadden niet mogen paren omdat ze nog niet in staat waren om hun afstamming of voorouderlijke informatie door te geven. Hmmm...hmmm... In onze wereld is paren niet alleen een fysieke daad waarbij genetisch materiaal doorgegeven wordt, het is een 'act van het denken', en twee jonge draken zouden, net als ikzelf, nooit overwegen om dit te doen. Soms kan er echter een beoordelingsfout gemaakt worden door zeer jonge draken, wat zeldzaam is, maar het kan gebeuren. Dan kan zo'n afwijking zich voordoen in het ei."

"Bedankt voor je uitleg," antwoordde ik, "want het maakt het makkelijker voor me om jullie beslissing te accepteren. Zoals je zegt, mensen zijn een ander ras met andere wetten."

Hoewel elke draak erg behulpzaam was, was ik uitgeput en begon mijn drakenlichaam zijn menselijke vorm weer aan te nemen. Jake merkte de verandering op en zei: "We hebben de belangrijkste afstammingslijnen behandeld. Dat was het voor vandaag. Ga terug naar je wereld en we praten morgen verder."

Meteen was ik terug in mijn meditatietuin, veilig op Aarde. Ik was opgetogen dat ik gevlogen had en om zoveel draken ontmoet te hebben, maar het was een grote aanslag op mijn lichaam en geest. Ik moest mijn bedrading volledig veranderen om in een drakenlichaam te zijn, wat dubbel zo moeilijk was als met mijn mensenlichaam in hun hoogfrequente wereld te zijn. Maar nu ik het één keer gedaan had, had ik er alle vertrouwen in dat ik het morgen weer kon doen.

De School voor Jonge Draken

Bij het aanbreken van de dag verscheen Grant, de jonge robijnrode draak, in mijn innerlijke zicht. "Trek je drakenlichaam aan en kom nu," beval hij met zijn diepe stem. "Het is tijd voor school."

Ik vond het vreemd dat Grant en niet mijn drakenbroer contact met me opnam. Ik nam echter aan dat er een goede reden voor was en besloot gehoor te geven aan de oproep. Zittend in mijn meditatie-ruimte, stelde ik me voor dat ik mijn drakenlichaam creëerde. Net als eerder modelleerde ik mijzelf naar het beeld van mijn broedmoeder, maar deze keer voegde ik subtiele verschillen toe in mijn kleuren. Nadat ik de transformatie had afgerond, richtte ik mijn innerlijke blik op de drakenwereld en zag de groep jonge draken op me wach-ten op dezelfde plek waar ik ze eerder had ontmoet. Maar Jake was niet bij hen.

"Waar is Jake?" vroeg ik. Ik vond het niet netjes van hem om me alleen te laten, terwijl de drakenwereld en zijn vrienden zo nieuw voor me waren.

"Hij wacht op ons bij de studielocatie," antwoordde Grant, die de leiding op zich had genomen.

Beth onderbrak hem: "Ik weet niet zeker of dit een goed idee is." "Welk idee?" vroeg ik bezorgd. "Jake stelde voor om je mee naar school te nemen, maar de meester zal het misschien niet op prijs stellen," antwoordde Beth. Ik kon zien dat zij de verantwoordelijke was, een gave van de regenboog afstammingslijn, waar ik blij mee was. "Het wordt heel leuk," drong Kenny aan, toen hij me zag aarzelen. "Kom op, laten we gaan!" Ze draaiden zich om en keken me aan. Beth haalde haar schouders op en gaf haar nederlaag toe, omdat de andere drie me bemoedigende boodschappen stuurden. Ik knikte instemmend en ging de lucht in, omringd door jonge draken. Grant nam de leiding en Kenny ging naast hem vliegen, duwend en lachend. Grace en Beth, aan weerszijden van mij, stuurden elkaar goedgemutst het bericht 'mafkezen', dat ik onderschepte. Het was heerlijk om omgeven te zijn door hun aanstekelijke jeugdige energie en ik zette mijn bezorgdheid opzij toen we hoger de bergen in vlogen.

Het was opwindend om een draak te zijn en ik was trots op mezelf dat ik de anderen tijdens de vlucht kon bijhouden. Ik vond het heerlijk om mijn sterke vleugels te bewegen en door de lucht te zweven. Ik voelde me vrij en krachtig in mijn drakenlichaam en had liever hun wereld verder willen verkennen, maar het mocht niet zo zijn. We bereikten een vlak plateau op de top van een bijzonder hoge piek. Aan één kant stond een grote, saffierblauwe draak die met zijn staart heen en weer zwiepte. De jonge draken werden meteen serieus, Kenny viel wat terug en fluisterde tegen me: "Oeps. We komen te laat."

We cirkelden rond het bekken, daalden af als groep en landden aan de andere kant. De jonge draken gingen om me heen staan, één voor, één achter en één aan beide zijden. Waarom probeerden ze me uit het zicht te houden? Ik herinnerde me Beth's waarschuwing en begon te denken dat dit uitstapje een heel, heel slecht idee was.

De enorme mannelijke draak kwam naar ons toe op hetzelfde moment dat Jake aan mijn linkerkant opdook, zijn vleugel over me heen sloeg en me dichterbij trok.

"Sorry dat we te laat zijn, meester," zei Kenny, charme uitstralend.

"En waarom zijn jullie dat?" commandeerde de grote blauwe draak met bulderende stem.

Beth, die de situatie probeerde te redden, antwoordde: "We hebben geen excuus. We waren aan het treuzelen."

"Ja, treuzelen," zei Grant.

Grace knikte, net als de anderen en ik hoorde ze verontschuldigende berichtjes sturen naar hun leraar.

Begrijpelijkerwijs nieuwsgierig om te zien waarom de jonge draken zo dicht op elkaar zaten, kwam de meester nog dichterbij. Ik sloot mijn ogen en wilde verdwijnen.

"Nee. Blijf!" mompelde mijn drakenbroer, terwijl hij me nog dichterbij trok met zijn vleugel.

Toen de enorme saffierblauwe draak vlakbij was, ging Grant opzij. Beth ook. Toen Grace. Tenslotte ging Kenny opzij, tot mijn drakenbroer zichtbaar werd met zijn vleugel over mij heen, terwijl ik er trillend onder weggedoken zat.

"Wat hebben we hier?" vroeg de meester. "Jaakelousekindvron heb je een nieuw jong meegenomen naar de klas?" Jake's hart klopte snel en dat van mij deed net zo snel mee.

"Eens kijken, Jaakelousekindvron. Verwijder je vleugel."

Jake deed wat hem werd opgedragen en liet mij gehurkt en ontmaskerd achter.

"Dus. Geen nestjong, maar een mens in een drakenlichaam. Hoe kom je eraan?"

"Hmmm…hmmm… Ik heb met haar gepraat. Ze is mijn… hmmm… nou ja, het zit zo, meneer - mijn nestzus."

"Genoeg!" zei de leraar tegen Jake. "Kom!" beval hij mij, terwijl hij me aanstaarde. Met die woorden draaide hij zich om en marcheerde naar voren. Ik deed wat hij me opdroeg en volgde hem met tegenzin. "Draai je om!" beval hij, toen ik vooraan was gekomen. Ik was in zijn territorium met zijn regels, dus ik gehoorzaamde zijn bevel zonder aarzelen.

Terwijl hij naar de jonge draken keek, zei de leraar: "Dit is een uitstekende gelegenheid om een mens te bestuderen." Ik had het gevoel dat ik in mijn blootje stond en mijn concentratie begon te verslappen, met als gevolg dat ik mijn drakenvorm niet goed meer kon vasthouden.

"Hoe weten we dat het een mens is?" vroeg de meester terwijl hij zich naar Grant draaide.

"Nou, kijk eens hoe haar lichaam flikkert," antwoordde hij, terwijl hij me een verontschuldigende blik toewierp, omdat hij me had meegenomen.

"Als de vorm niet onvast was, als de concentratie beter was, hoe zou je het dan weten?" Hij vuurde de vraag op Grace af.

"Door in de ogen te kijken," antwoordde Grace, terwijl ze me een - 'wat kan ik doen' - blik gaf.

"Ja, maar als je de ogen niet had gezien, Jaakelousekindvron, hoe zou je het dan weten?" vroeg de leraar.

"Ze ruikt anders," mompelde mijn drakenbroer en hij wierp me een beschaamde blik toe.

Ik was niet blij om te ontdekken dat ik anders rook, maar ik had geen tijd om hierover na te denken, want de meester ging maar door.

"Als je niet dichtbij genoeg was om het te ruiken of de ogen te zien en als het meer bedreven was in het vasthouden van de drakenvorm, hoe zou je het dan weten?" Ze waren allemaal stil. De meester glimlachte, zeer tevreden dat zijn vraag hen in verwarring had gebracht. Ik daarentegen begon me steeds meer te ergeren aan het feit dat ik 'het' werd genoemd.

"Ik weet het," zei Kenny uit zichzelf. "Ze is gevoeliger dan wij en je kan haar emoties op haar huid zien."

"Dat klopt," zei de meester. "Het heeft niet dezelfde controle over de geest als wij draken."

"Zo is het genoeg," onderbrak ik. "Ik ben geen 'het', ik ben een 'zij'."

"Ah!" lachte hij. "Het praat."

"Natuurlijk praat ik." Ik verhief mijn stem en staarde naar hem. Hij keek me nieuwsgierig aan. Zonder toestemming te vragen, dook hij in mijn geest om mijn intelligentie niveau te onderzoeken. Ik voelde hem steeds dieper afdalen in wie ik was, wat ik was en waarom ik in de drakenwereld was. Vragen, vragen. Ik was een volledig open boek voor hem.

"Hij is een geleerde," dacht ik. Hij trok zich terug, verbaasd dat ik zowel zijn innerlijke aard had opgemerkt als zijn diepgaande verlangen om zijn kennis, opgebouwd tijdens zijn leven, over te brengen op de jonge draken.

"Is het normaal voor saffierblauwe draken om jonge draken les te geven?" vroeg ik, nu ik zijn aandacht had.

Hij pauzeerde en ik kon de radertjes in zijn hoofd bijna zien draaien, terwijl hij zich afvroeg of het beantwoorden of niet beantwoorden van mijn vraag de meeste informatie zou opleveren voor zijn leerlingen. "Antwoord geven zou misschien mijn medewerking verzekeren." Ik stuurde deze gedachte krachtig naar hem toe, omdat ik niet wilde dat hij me als een ding bleef behandelen.

Hij hoorde me luid en duidelijk en antwoordde: "Wij saffierblauwe draken hebben meer geduld met jonge draken. Maar er kunnen leraren zijn in andere afstammingslijnen. Zou je je menselijke vorm willen aannemen zodat we die kunnen onderzoeken?" vroeg hij, profiterend van mijn toezegging om mee te werken.

Hoewel hij hoffelijk was, wat al een hele verbetering was, had ik er genoeg van om als studieobject te dienen. Hij was met gemak twee keer zo groot als ik, maar mijn terechte ergernis zorgde ervoor dat hij even pauzeerde om na te denken over een strategie om mijn medewerking te verkrijgen.

"Jij bent duidelijk hier om van draken te leren en wij zijn hier vandaag om van jou te leren. Waarom wisselen we geen informatie uit?" antwoordde hij, terwijl hij golven van kalmte naar me toe zond.

"Prima," gaf ik toe en liet mijn drakenlichaam oplossen. De jonge draken hapten naar adem en begonnen tegen elkaar te ratelen toen ze mijn menselijke vorm zagen. Jake, die me probeerde te beschermen, stuurde ze een afkeurende blik en ze begrepen de hint en werden stil, in uiterlijke zin. Waar ze niet op rekenden was, dat ik als mens hun innerlijke gedachten net zo gemakkelijk kon horen dan als draak.

"Als zij een draak kan worden, kan ik misschien een mens worden," dacht Beth, terwijl haar regenboogschubben glinsterden, enthousiast om iets nieuws te proberen.

"Ze heeft vreemde schubben," dacht Kenny, die duidelijk niet goed genoeg keek om te zien dat mijn kleren geen schubben waren.

Ze kwamen dichterbij om me te onderzoeken en Grant, altijd de eerste die iets probeerde, stak zijn poot uit en raakte mijn arm aan. "Kijk eens hoe fragiel ze is," riep hij uit. "Raak haar aan."

"Ik kan je horen, Grant. Mijn bewustzijn is nog steeds hetzelfde en als anderen me gaan aanraken, wees dan voorzichtig en doe het één voor één."

Vergeleken met mijn menselijke vorm waren de draken veel groter, mijn lichaam was kwetsbaar en, laten we niet vergeten, zij waren jong en onvoorspelbaar, zoals blijkt uit het feit dat ze mij in deze ongemakkelijke situatie hadden gebracht.

"Ik zal voorzichtig zijn," zei Grace, terwijl ze mijn onrust opmerkte. Ze stak voorzichtig haar poot uit en legde een scherpe klauw op mijn arm, terwijl ze naar mijn ogen keek om te zien of het goed was. Het voelde vreemd om mijn menselijke lichaam te laten aanraken door een draak. Hoewel ze me niet krabde, was ik me maar al te bewust van de kracht van haar klauw om mij vast te grijpen en mijn huid te doorboren. Grace merkte mijn ongemak en trok zich terug.

"Ik zou het niet erg vinden om de snorharen op je hoofd te voelen," vroeg Kenny. "Mag dat?"

Ik begon te lachen en Jake deed mee, want hij was veel meer bekend met de menselijke anatomie dan zijn vrienden.

"Sufferd," zei hij tegen Kenny. "Dat is haar. Alle mensen hebben dat."

"Ja. Ga je gang," antwoordde ik en Kenny stapte meteen naar voren en begon mijn haar voorzichtig te kammen met zijn klauwen.

"Dat is fijn," bevestigde hij en terwijl hij zich naar zijn vrienden draaide, zei hij: "Kom hier. Probeer dit eens."

Een voor een stapten ze naar voren om mijn haar te strelen. Het leek op haren borstelen en ik genoot ervan. Toen ze mijn plezier voelden, gingen ze in resonantie met me en begonnen zachtjes samen te neuriën.

"Zo is het genoeg. Je wilt haar geen pijn doen," onderbrak de enorme mannelijke draak, hen aansporend om te stoppen. Hoewel hij serieus probeerde te zijn, wist ik dat hij zich inhield om niet mee te gaan neuriën, omdat hij tenslotte de leraar was.

Ik was blij dat ik van nut was geweest als lesmateriaal en vroeg hem: "Is dit de gebruikelijke manier waarop draken hier leren? Leren jullie van levende studieobjecten?"

"Ik geef meestal telepathisch les," antwoordde de meester en stuurde me een holografisch beeld van hemzelf, staand voor de klas met jonge draken. Hij sloot het beeld af en vervolgde: "Toch is het geweldig om een levend studieobject te kunnen bekijken."

Jake besefte dat ik moe was en zei: "Meneer, ik denk dat ze genoeg heeft gehad."

"Ja," erkende de meester, terwijl hij mijn ingezakte schouders opmerkte. "Wil je haar terugbrengen naar haar thuiswereld en dan gaan wij verder?"

"Dat is niet nodig," zei Jake en uit zijn toon bleek dat hij trots op mij was.

"Oh, ze kan het zelf. Goed," antwoordde de meester. Terwijl hij zich naar mij omdraaide, vervolgde hij: "Als je thuiskomt, stuur ons dan een telepathische foto van je thuiswereld zodat we die kunnen zien."

Terwijl ik met een knik afscheid nam van mijn nieuwe vrienden, keerde ik onmiddellijk terug naar mijn huis en liep naar buiten. Terwijl ik over de oceaan uitkeek, zond ik telepathisch een link naar hen met wat ik zag. Ze konden de meeuwen zien vliegen, de zeehonden zien zwemmen in het water en een adelaar zien duiken naar een vis. Ze waren onder de indruk en geïnteresseerd in wat ze zagen en de meester stuurde me een bedankbericht.

"Graag gedaan," antwoordde ik respectvol en sloot de link af.

Uiteindelijk was alles goed gekomen en de meester leek tevreden met het initiatief van de jonge draken. Toen ik Jake zag omgaan met de anderen, merkte ik dat hij beschermend was naar mij toe en dat hij volwassener leek dan de anderen. Zelfs Grant luisterde naar hem en geen van hen, in tegenstelling tot Jake, had de drakenwereld al eens verlaten. Door me mee te nemen om zijn vrienden te ontmoeten, schepte Jake niet op, maar probeerde hij hen bij zijn ervaringen te betrekken. Omdat de jonge draken ongeveer even oud waren, vroeg ik me af waarom hij met mij mocht werken, terwijl zij alleen in opleiding waren. Wat de reden ook was, ik was dankbaar dat hij me meenam in zijn wereld en zorgde voor zoveel interessante ontmoetingen.

De Oude Waterdraak

Er verstrijken enkele dagen. Dagen worden weken. Toch keer ik niet terug naar de drakenwereld. Ben ik te moe? Deels, en deels lijkt het teveel inspanning. De tijd is er niet rijp voor. Ik ben er niet klaar voor. Misschien is het de Zwarte Maan. Misschien is Mercurius retrograde. Misschien is er teveel gaande in mijn dagelijks leven. Maar ik wil mezelf niet onder druk zetten. Ik wil me niet inspannen. In plaats daarvan wil ik alles met plezier en gemak doen. Ik weet dat dit een les voor me is en ik weet zeker dat mijn drakenbroer en alle grote meesters het met me eens zijn. Het maakt niet uit of anderen me lui vinden als ik in een staat van zijn ben, in plaats van doen. Ik oefen me in het vermijden van zowel interne als externe druk om altijd maar vooruit te gaan in plaats van in het huidige moment te blijven.

En wat heeft dit te maken met draken en de drakenwereld? Misschien is deze boodschap niet meteen duidelijk, maar deze houding waar ik naar verwijs is hoe we toegang krijgen tot hogere frequenties. Dit is hoe we kunnen reizen naar de werelden waar elementalen, engelen, meesters en draken bestaan. We kunnen met hen spreken en bij hen zijn door onszelf niet onder druk te zetten. Ja, toegegeven, we moeten onze wil, volharding en vastberadenheid gebruiken om toegang te krijgen tot hogere frequenties, maar deze kwaliteiten moeten in evenwicht zijn met meditatie, contemplatie en innerlijke zekerheid over de juiste timing.

Daarom ga ik op een dag rustig in meditatie en vraag of de tijd rijp is om terug te keren naar de drakenwereld. Ik hoor mijn drakenbroer 'ja' zeggen en deze 'ja' voelt als een innerlijk weten dat ik een onbegrensde vrije wil heb. Ik ontdek dat ik vrij ben om op de 'ja' te reageren. En ik kan deze 'ja' 'rond bewegen', afhankelijk van hoeveel waarde ik eraan hecht en of ik erop wil reageren en ik vind het interessant om hiermee te oefenen. Ik heb geen grenzen en speel met de 'ja'. Door deze verkenning leer ik diepere lessen over hogere astrale frequenties en besef ik dat deze kennis nuttig kan zijn voor mensen op dit moment. Ik heb het gevoel dat Jake, door zichzelf en zijn wereld te delen, nieuwsgierige mensen lokt met aas, als ze zijn verhaal willen lezen. Op die manier worden ze als vissen die bijten binnengehaald in de diepere kennis en hogere frequentie van zijn wereld, wat hij graag wil. Als we het aas eten dat ons wordt voorgehouden, kan ieder van ons zelf naar zijn wereld gaan. Het verhaal is, zoals hij zei, alleen om een pad te creëren, een brug, en om mensen erop te wijzen, dat dit ook voor hen mogelijk is.

Toen ik zijn boodschap tot me genomen had, begon ik me voor te bereiden om een drakenlichaam aan te nemen zodat ik door zijn wereld kon reizen. Het was niet gemakkelijk en het deed me denken aan hoe het is om je te verkleden, als je bepaalde kleding al een hele tijd niet gedragen hebt. Toen het me eindelijk gelukt was, besloot ik door de ruimte te reizen in plaats van mezelf naar de drakenwereld te teleporteren. Mijn besluit kwam voort uit een groeiend vertrouwen dat ik meer kon onderzoeken en experimenteren dan ik eerder had gedacht. De diepe ruimte was donker... leeg... maar toch niet echt leeg. Er was een intelligent bewustzijn in alles en het organiseerde alles. Door mezelf af te stemmen op deze puls van bewustzijn, werd mijn subtiele verlangen om naar de drakenwereld te gaan gehoord. Onmiddellijk was ik in de grot, maar deze keer was Jake niet aanwezig om me te begroeten. Wist hij niet dat ik kwam? Zou hij terugkomen en zo ja, wanneer? De vragen welden zachtjes in me op, voordat ik een gedachte had. Het was alleen nieuwsgierigheid, geen verlangen.

Ik dwaalde door de grot en ontdekte dat hij veel groter was dan ik eerder had gedacht. Toen ik de diepe nissen van de grot verkende, zag ik dat de wanden bedekt waren met robijnen, saffieren, smaragden en kristallen. Mijn drakenogen zagen niet alleen de buitenkant van deze edelstenen, maar ook wat er onder het oppervlak lag. Dieper kijkend realiseerde ik me dat deze grot door mijn broedmoeder was uitgekozen om edelstenen en kristallen te gebruiken voor energie en dat er overal in de drakenwereld soortgelijke grotten bestonden voor hetzelfde doel.

Ik zag dat draken werden gevormd door hun kristallen omgeving, net zoals mensen werden gevormd door de overvloedige aanwezigheid van water op Aarde. Ik ontdekte dat mijn drakenlichaam niet zoveel water bevatte als mijn menselijk lichaam en dat systemen van bewuste kristallen mijn menselijke organen hadden vervangen. Waarom? Omdat in de drakenwereld met een hogere frequentie fysieke organen niet nodig waren. In plaats daarvan hadden draken mentale en spirituele organen ontwikkeld om zowel door als buiten ruimte en tijd te reizen.

Ik realiseerde me dat de verzorgers deze edelstenen naar de achterblijvers op Aarde brachten, zowel voor voedsel als om hen te helpen genezen. Ik begreep hoe moeilijk het voor de achterblijvers moest zijn om op een waterrijke Aarde te leven, die zo verschilde van hun dorre wereld. Op dat moment voelde ik Jake terugkomen naar de grot, dus haalde ik snel mijn aandacht weg van de edelstenen en kristallen en voegde me bij hem.

Hij was blij me te zien. Hij hoefde niet te glimlachen of me te omhelzen, zoals mensen zouden doen, om me dit te laten weten. In plaats daarvan zoemde zijn energie op een manier die blijdschap aangaf.

"Hmmm... Je hebt geleerd over onze edelstenen en kristallen en hoe hun trillingsveld ons hielp om een vloeiende eenheid van gedachte en bewustzijn te ontwikkelen," zei Jake, toen hij zag wat ik aan het doen was.

"Wat ik heb waargenomen is, dat draken edelstenen en kristallen gebruiken om te komen tot wat mensen synchrone trilling noemen," merkte ik op. "Dat gebeurt wanneer onze hersenen in een coherent trillingspatroon komen, wat het vaakst voorkomt in een diepe meditatieve staat. Hierdoor komen we in hogere frequenties terecht die lijken op jullie harmonisch neuriën."

"Ja, er zijn overeenkomsten," antwoordde Jake, "maar wij gebruiken de kristalachtige organen van ons lichaam om te resoneren met de Bron van Alles."

"Nu we het toch over kristallen hebben, ik vroeg me af of ze je helpen om vuur te produceren."

"Absoluut. Kristallen in onze buik stellen ons in staat om een transmuterend en transformerend vuur van bewustzijn uit te ademen."

Er ging me een licht op. Ik herinnerde me dat Jake in een eerder gesprek had gezegd dat de cellen van mensen, naarmate we evolueren, meer kristalachtige eigenschappen zullen gaan krijgen. Er was duidelijk opheldering nodig. "Betekent dit dat mensen in de toekomst ook in staat zullen zijn om vuur te spuwen?" zei ik, opgewonden bij het vooruitzicht. "Hahaha. Dat is grappig. Nee, dit is een gave van draken en een die jullie niet nodig hebben. Mensen zullen in staat zijn om met hun handen en ook met hun ogen hun vuur te gebruiken om vorm te manifesteren of te laten verdwijnen. Zeker, jullie zouden vuur uit jullie mond kunnen laten komen als jullie dat zouden willen, maar dat is waarschijnlijk niet waar jullie vuur voor zullen gebruiken, omdat jullie andere toepassingen voor kristal in je cellen en in je geest zullen ontwikkelen."

Enthousiast om dit onderwerp verder uit te diepen, opende ik mijn mond om Jake op hetzelfde moment te horen zeggen: "Ik beantwoord liever geen vragen meer over vuur. Ik heb bedacht dat we vandaag een draak kunnen ontmoeten die in het water leeft en dat je zelf met hem kunt praten."

Zijn voorstel klonk opwindend en ik liet me gemakkelijk overhalen. Ik was zijn plannen gaan vertrouwen, omdat ik er zoveel door had geleerd. Toen hij mijn instemming voelde, liep hij naar de ingang van de grot en vloog weg. Ik kon hem makkelijk volgen en kreeg steeds meer vertrouwen in mijn vliegkunst. Hij zwenkte naar links in de richting van bergtoppen, die snel dichterbij kwamen. Er was geen tijd voor een geleidelijke beklimming en we begonnen steeds hoger en hoger te klimmen, totdat we eindelijk gedragen werden door een koele luchtstroom. Vanaf die hoogte konden we moeiteloos zweven en ik hoopte nog een hele tijd van deze nieuwe ervaring te kunnen genieten, maar het mocht niet zo zijn. Jake daalde snel af naar een lager niveau en, zijn voorbeeld volgend, zag ik een groot wateroppervlak.

Als het op Aarde was geweest, had ik geschat dat het zo groot was als de Middellandse Zee. Mijn broer tilde zijn uitgestrekte vleugels op en landde op het zand. Ik plofte minder sierlijk naast hem neer. Jake zond een telepathische oproep naar een wezen in het water om onze komst aan te kondigen. Verpakt in het externe bericht zat een tweede, beleefde, interne boodschap waarin om een audiëntie werd gevraagd. Bij het horen van zijn respectvolle interne boodschap, begreep ik dat hij een ontmoeting zocht met een oudere, volwassen draak. Op de oever bij het water ging mijn drakenbroer helemaal rechtop staan. Ik volgde zijn voorbeeld. Toen ik naar de zee keek, zag ik rimpelingen naar ons toe komen die al snel grotere golven werden toen ze de kust naderden. Een oude, grote draak verscheen, golven omhoog stuwend langs onze benen tot aan onze buik en borst.

De oude draak keek alleen naar Jake en mopperde geërgerd. "Ik heb je verzoek gehoord en ben gekomen. Wat wil je?"

"Ik heb iets meegebracht...," begon mijn broer op verontschuldigende toon.

"Ja, ik zie wat je hebt meegebracht. Een mens. En wat wil je, nu je mijn dromen verstoort?"

Jake kromp in elkaar, herstelde zich en ging weer rechtop staan. "Ik zou uw dromen niet verstoren, wijze, als het niet belangrijk was. Deze mens fungeert als een boodschapper tussen haar ras en het onze. We ontmoeten andere draken in onze wereld om haar te onderwijzen, zodat ze deze informatie aan andere mensen kan doorgeven. We smeken, vragen, verzoeken om uw gave van waterwijsheid, zodat uw afstammingslijn vertegenwoordigd wordt onder de leringen."

Tot dan toe had de oude draak me genegeerd. Nu draaide hij zich om en overspoelde me met indringende vragen. In hoog tempo onderzocht hij al mijn gedachten, emoties, motivaties. Kortom, alles van boven tot onder en van binnen en buiten. In een andere situatie zou ik misschien beledigd zijn geweest door deze invasie, maar in deze situatie leek het een normale gang van zaken. Immers, waarom zou hij ons zijn tijd geven als het hem of zijn afstammingslijn niet ten goede kwam? Door zijn diepgaande inzicht concludeerde de waterdraak dat ons verzoek in overeenstemming was met de Bron van Alles en hij draaide zich terug naar mijn drakenbroer.

"Goed. Je hebt mijn aandacht. Wat wil je vragen?"

Tot dat moment was ik zo geïntimideerd door zijn grootte en de fysieke verschillen met andere draken dat ik hem niet grondig had bestudeerd. Nu deed ik dat wel. Het is moeilijk te zeggen wat zijn kleur was. Hij leek te bewegen van zichtbaar naar onzichtbaar. Hier zijn en toch niet. Dit was wat hij bedoelde toen hij zei dat we hem uit zijn dromen hielden. In zijn dromen werd hij onzichtbaar voor anderen.

Toen hij mijn gedachten hoorde, draaide de waterdraak zich weer naar me toe. Hij wist dat ik goed had ingeschat wat er met hem gebeurde in zijn droomtoestand, dat hij zich voorbij zijn fysieke vorm naar hogere onzichtbare sferen bewoog. Ik zag aan zijn blik dat hij mijn observatie goedkeurde en hij stond naar me te kijken terwijl ik hem nader bestudeerde.

De kam op zijn kop was veel groter dan die van mijn drakenbroer en de andere jonge draken. Hij was geribbeld en niet helemaal hard en meer flexibel. Zijn kam liep van zijn voorhoofd door naar zijn achterhoofd en een beetje naar beneden in zijn nek. Ik had het gevoel dat zijn kam functioneerde als een ontvangstantenne voor diepgaande dromen. Bij mijn gedachte knikte hij en bevestigde mijn innerlijke weten. Zijn poten waren veel korter dan die van de draken op het land en er zaten vliezen tussen elke klauw om te zwemmen en hem door het water voort te stuwen. Zijn lichaam was meer gestroomlijnd en zijn staart was sterker dan die van Jake en had een groter roer aan het uiteinde om door het water te navigeren.

De oude waterdraak draaide zich terug naar mijn broer en zei: "Ik begrijp nu waarom je haar hebt meegenomen. Het is de eerste mens die ik ontmoet en misschien heb ik een vooroordeel over haar ras. Toch heb ik weinig tijd voor vragen. Ik droog uit op het strand en wil terugkeren naar de diepten. Wees snel. Wat wil je weten?"

Jake draaide zich naar me toe en moedigde me met een knikje aan om vragen te stellen.

"Wijze," begon ik, terwijl ik een telepathische boodschap van respect en dankbaarheid voor zijn aandacht stuurde, "ik begrijp dat diepgaande dromen dromen zijn die..."

Dat is zover als ik kwam, voordat de waterdraak me onderbrak. "Je vragen gaan te langzaam, laat mij het je vertellen." Met die opmerking begon hij me snelle telepathische boodschappen te sturen vol beelden om zijn woorden te begeleiden en ik zag, voelde en hoorde tegelijkertijd zijn antwoord.

"Waterdraken dromen diepgaand. We zijn bezig onszelf los te maken van een fysiek bestaan en om onstoffelijk te worden. Het onderhouden van dit fysieke lichaam vraagt een grote inspanning van ons. We verblijven op de oceaanbodem op energierijke locaties, waar we gezamenlijk mediteren, contempleren en dromen. In tegenstelling tot landdraken hebben wij de neiging om samen te zijn, in ieder geval als het om dromen gaat. Onze dromen kunnen zich uitstrekken over lange periodes, waarin we proberen naar hogere, onstoffelijke frequenties te gaan. We zingen samen liederen. Je zou ze neuriënde gezangen kunnen noemen. We vergroten de mogelijkheid voor ons allemaal in de gemeenschap om naar hogere frequenties te gaan."

Ik had veel dingen die ik wilde weten over waterdraken en ik vroeg snel: "Eten jullie iets?"

"Ons voedsel komt van de energiebronnen in de oceaan. We eten geen vlees meer van welke aard dan ook. Eerder in onze evolutie, toen sommige van onze drakenbroeders het water verlieten en op het land klommen, besloot onze afstammingslijn om in het water te blijven en daar gezamenlijk te evolueren."

Ik stuurde hem een foto van bultruggen die in groepen op aarde leven en diepe dromers zijn.

"Ja, we kennen ze," erkende hij. "Waterdraken hoeven niet naar andere werelden te reizen, omdat we alles in gedachten kunnen doen. Als er nu verder geen vragen meer zijn..."

"Eigenlijk heb ik nog een vraag," zei ik. "Toen ik Kauai bezocht, een eiland op mijn planeet, ontmoette ik twee waterdraken. De ene leefde in de oceaan en de andere was blind en leefde in een grot. De Hawaïanen, de mensen dus, geloven dat ze net als draken tot een bepaalde afstammingslijn behoren. Elke Hawaïaanse afstammingslijn heeft wat zij noemen een *Aumakua*, dat is een voorouder die voor hen zorgt. De waterdraak die in de oceaan leefde zei dat hij mijn Aumakua was, een *Mo'o*, van mijn moeders kant."

"Ja, we weten van hen," antwoordde de enorme waterdraak, terwijl hij naar mij keek. "Ik zie jouw relatie met hen en daarom spreek ik met je. Zij zijn van een eerdere evolutiefase. Net als de landdraken hadden wij achterblijvers in onze evolutie, die niet in staat waren om naar hogere frequenties te gaan. In onze eerdere evolutie als waterdraken vonden we werelden voor hen om naar toe te gaan. Dat zijn jullie Mo'o. Zij zijn ook dromers."

"De blinde mo'o woonde in een grot in het water en ik...?"

"Onze grotten bevinden zich niet altijd in de lucht," ging hij verder, anticiperend op mijn vraag. "Sommige draken op het land geven de voorkeur aan grotten die verankerd zijn in de grond, anderen verkiezen grotten hoog in de bergen en weer anderen zwemmen graag en leven in onderwatergrotten. Elke afstammingslijn kiest grotten die hun voorkeur weerspiegelen."

"Was de Mo'o die ik ontmoette blind, vanwege de duisternis in de grotten?" vroeg ik.

"Nee," antwoordde de waterdraak. "Uitwendig zicht zou de Mo'o hebben afgeleid van het betreden van de innerlijke staat en daarom was hij blind. Onze tijd is nu voorbij." Met zijn laatste woorden riep hij een golf op en gleed het water in, waarmee hij het einde van onze audiëntie aankondigde.

Jake wachtte tot de waterdraak helemaal vertrokken was, voordat hij sprak. "Het is een grote eer, dat de oude wijze met ons gesproken heeft. Waterdraken willen geen tijd besteden aan een belichaamd bestaan en zelfs onze volwassen landdraken hebben niet vaak ontmoetingen met hen. Waterdraken geloven dat spreken met ons landdraken hun frequentie verlaagt en hun doel om het lichamelijk bestaan te verlaten vertraagt."

"Zijn ze bijna zover dat ze hun fysieke bestaan achter zich kunnen laten?" vroeg ik.

"Ze worden onzichtbaar, wat alleen heel, heel oude draken kunnen. We zetten waterdraken niet onder druk om zich bij onze bijeenkomsten aan te sluiten. Maar elk millennium of zo komt een oude draak ons op de hoogte brengen van hun vorderingen. Als dat gebeurt, moeten we een bijeenkomst bij het water houden en dan wordt de waterdraak voortdurend omhuld door het water. Je hebt vandaag een groot geschenk ontvangen en veel gedaan en ik denk dat het het beste is om te stoppen."

"Ik heb ervan genoten om je jonge vrienden te ontmoeten en nu ook de waterdraak. Ik ben benieuwd wie we hierna zullen ontmoeten."

Ik gaf een hint om een voorproefje te krijgen van wat Jake van plan was.

Hij glimlachte alleen maar en ontweek mijn vraag. "Daar kom je nog wel achter, maar niet vandaag. Ik probeer iets speciaals te regelen, maar het is een beetje lastig. Hoe dan ook, je bent erg uitgeput. Rust uit."

Nadat Jake mijn verlangen naar meer had aangewakkerd, verdween hij.

De Drakenwereld met een Lagere Frequentie

Toen de zon opkwam, was ik me aan het voorbereiden om naar de drakenwereld te gaan voor dat speciale 'iets' dat Jake had beloofd, toen hij in mijn innerlijk zicht opdook.

"Doe geen moeite om te komen," zei hij. "We blijven vandaag niet hier. We worden elders verwacht."

"Waar elders?" vroeg ik. Het viel me op dat hij er nerveus uitzag.

"Je zult het leuk vinden. Het is iets wat je wilde," antwoordde hij, in een vergeefse poging me gerust te stellen. Jake stond op zijn achterpoten en hield wat leek op een boekrol in zijn rechter-voorklauw.

"Wat heb je daar?" vroeg ik terwijl ik naar de boekrol wees.

"Het is een introductie," antwoordde hij, terwijl hij zijn keel schraapte.

"Een introductie tot wie?"

"Tot de draak die we vandaag zullen spreken en die... wel, hij bevindt zich niet in mijn wereld."

"Als ik zou moeten gokken, gaat het dan om een draak van een lagere frequentie, die we in zijn wereld zullen ontmoeten?"

"Ja, dat klopt," antwoordde mijn drakenbroer. "Maar maak je geen zorgen, ik ga met je mee. Ik heb een introductie en deze papieren om onze veiligheid te garanderen."

"Onze veiligheid?" riep ik uit. "Als ik me goed herinner, vertelde je dat die draken niet van mensen houden en dat ze bovendien gigantisch groot zijn. Ik geef toe dat ik nieuwsgierig ben, maar kun je me geen holografische beelden sturen, zodat we hier veilig kunnen blijven?"

"We zullen volkomen veilig zijn. Onze ambassadeur voor de drakenwereld met een lagere frequentie, heeft gevraagd of hun ambassadeur ons wil ontmoeten. Het staat allemaal in de papieren," ging hij verder, terwijl hij met de boekrol naar me zwaaide.

"Hoe komen we daar?" vroeg ik.

"Dat is simpel. Ik breng je erheen."

"Moet ik me veranderen in een drakenlichaam?"

"Natuurlijk moet je dat. Ik kan je niet meenemen als je er als een mens uitziet."

"En moet ik me veranderen in hetzelfde drakenlichaam dat ik in jouw wereld gebruik?"

"Dat is een domme vraag. Dat IS je drakenlichaam."

"En krijg ik nog een moment om iets aan te passen voordat we landen?"

"Dat zijn genoeg vragen. Je denkt er teveel over na," zei Jake, ergernis tonend. "Ik wil dat je je voorstelt dat wij tweeën samen naar de drakenwereld met een lagere frequentie gaan. Zo simpel is het. Net zoals je naar onze wereld reist, stel je jezelf voor dat je met mij naar hun wereld reist."

Ik stelde me voor dat ik mezelf in zijn aura plaatste om met hem mee te gaan naar de drakenwereld met een lagere frequentie, waarvan

ik wist dat die nog steeds een hogere frequentie had dan mijn wereld.
Ik wil het niet laten klinken alsof ik niet graag wilde, want ik was best
enthousiast om die draken uit de eerste hand te leren kennen. Maar
naast mijn enthousiasme had ik sterke twijfels of ze wel een mens
zouden accepteren... zelfs als ik in mijn drakenlichaam was.

Jake hoorde mijn twijfels en zei: "Ik maak me ook zorgen. Je bent
niet de enige die in een vreemd land zal zijn. Ze zijn veel groter dan
ons ras en ik ben nog een jonge draak en jonge draken verplaatsen
zich niet tussen onze werelden. En vergeet niet dat ik verantwoordelijk
ben voor jou. Dus waar maak jij je zorgen over?"

Uit zijn woorden begreep ik dat hij ook nerveus was of hij wel
geaccepteerd zou worden, wat mijn onbehagen alleen maar groter
maakte. We hadden geen tijd om verder te praten voordat we neerstreken
in een weelderig bos, dat deed denken aan Jurassic Park. Beelden van
dinosaurussen die leken op Tyrannosaurus Rex flitsten door mijn
hoofd en ik verwachtte dat ze elk moment door de struiken zouden
komen aanstormen. Jake en ik stonden aan de landingsplaats gekluis-
terd en vroegen ons af wat we nu moesten doen. We hoefden niet
lang te wachten of we hoorden takken breken en het geluid dichterbij
komen. Mijn broer stapte richting mij en ik wist niet zeker wie wie
beschermde toen een enorme, smaragdgroene draak uit het struikgewas
tevoorschijn kwam.

Deze draak was veel groter dan de oude robijnrode draak die ik
in IJsland had ontmoet, waardoor hij minstens drie keer zo groot was
als wij. Hij was breder en zwaarder met een flinke buik en hij droeg
een krans met rode bessen op zijn hoofd die, naar ik vermoedde,
zijn officiële ambassadeursstatus aangaf. Hij liep op twee gigantische
achterpoten en zijn voorpoten waren kleiner (in verhouding tot zijn

grootte) dan die van de draken met een hogere frequentie. In zijn klauwen droeg hij een soortgelijke boekrol als die van Jake. Hij keek ons teleurgesteld aan en het was een redelijke veronderstelling dat dit te maken had met de jeugd van mijn jonge vriend.

Jake zag het ongenoegen van de andere draak en probeerde de situatie te verbeteren door hem zijn boekrol aan te reiken. "U ziet, meneer, dat onze ambassadeur, Sigmagupakin, ons heeft toegestaan uw wereld te bezoeken. Hier is onze introductiebrief met het verzoek om uw assistentie."

De volwassen draak nam de uitgestoken boekrol aan en gaf Jake de zijne. Beide draken rolden hun boekrollen tegelijkertijd uit en begonnen ze te lezen. Ik begreep niet waarom dit protocol nodig was, want het enige wat ze hoefden te doen was met elkaar praten. Ik probeerde een nerveuze giechel in te houden, die ongetwijfeld totaal ongepast zou zijn.

De merkwaardige draak merkte mijn geamuseerdheid op, keek me strak aan en zei: "Protocollen moeten worden nageleefd, omdat we niet vriendelijk zijn tegen mensen en slechts af en toe contact hebben met de andere drakenwereld."

Hoewel hij tot me sprak met dezelfde soort telepathie die ik gewend was in de drakenwereld met hogere frequentie, droegen zijn woorden meer kracht met zich mee. Zijn berisping vertelde me in niet mis te verstane bewoordingen dat ik me beter kon gedragen, anders dreigde het doel van ons bezoek in gevaar te komen.

Jake en ik hadden geen idee welke protocol we hierna moesten volgen, dus wachtten we op een teken van de volwassen draak.

"Bij wijze van formele introductie," begon hij, ons dilemma aanvoelend, "ik ben Hisssofforwas, de ambassadeur, en het zou onwaarschijnlijk zijn dat iemand anders dan ik jullie zou verwelkomen.

Zoals je weet door onze geschiedenis," vervolgde hij, terwijl hij zich tot mij richtte, "hebben wij en mensen niet altijd goed met elkaar kunnen opschieten. Er is maar één reden waarom ik een ontmoeting zou hebben met een mens en een jonge draak (hij keek laatdunkend naar Jake) en dat is om jullie een eerlijk beeld te geven van onze wereld, zodat jij, een mens (hij keek laatdunkend naar mij), positief over ons kan schrijven in het boek, wat je volgens jullie ambassadeur aan het schrijven bent."

Hisssofforwas keek van Jake naar mij en vroeg zich af of een van ons in staat was om te spreken. Ik was geïntimideerd en had moeite om mijn drakenvorm vast te houden en was opgelucht toen Jake de situatie redde. "Meneer, ik ben Jaakelousekindvron en we waarderen het dat u tijd vrijmaakt van uw andere verantwoordelijkheden om met zulke jonge, onervaren wezens als ons te communiceren."

Dat was een schot in de roos. Jake had een manier gevonden om de situatie te verbeteren door een beroep te doen op het gevoel van trots en expertise van de volwassen draak.

"Hmmm... je naam zegt me dat je Drakekindvrons nestjong moet zijn, maar omdat je kleur indigo is, lijk je helemaal niet op hem. Toen ik jong was, was hij mijn leermeester voor wat betreft de robijnrode draken in jouw wereld. Gaat het goed met hem? Oh, ik vergat dat jullie geen contact houden met jullie vaders zoals wij hier."

Wow, dacht ik, dat was een interessant stukje geschiedenis over Jake's vader, maar ik had geen tijd om bij die informatie stil te staan. Mijn drakenbroer was geïrriteerd omdat hij een nestjong werd genoemd en ik wist dat hij op het punt stond zijn voorsprong weer kwijt te raken, toen Hisssofforwas gelukkig zei: "Laten we verder gaan met de rondleiding. Volg mij."

De gedrongen draak liep een pad rechts van ons in en verwachtte dat we achter hem zouden aansluiten. De omgeving was een compleet contrast met die van de drakenwereld met hogere frequentie. De vochtigheid en overvloedige vegetatie deden me denken aan onze regenwouden op Aarde en mijn broer had een brede glimlach op zijn gezicht terwijl hij vrolijk over het modderige pad klauterde.

'Hisss' dacht ik, hem een bijnaam gevend - niet dat ik het lef had om die met hem te delen - raasde het struikgewas door, zich schijnbaar niet bewust van het puin dat in zijn kielzog om ons heen tuimelde. Zonder te klagen slalomden we tussen vallende takken en kwamen al snel vanuit het bos in een uitgestrekte vallei met aan beide zijden kliffen en in het midden een nederzetting waar draken van elke leeftijd, grootte en geslacht samen waren. Wat een verschil met de eenzame en stille drakenwereld met hogere frequentie, waaraan ik gewend was geraakt. Jake staarde met open mond en ik gebaarde hem deze te sluiten, toen Hisss ons naar de menagerie leidde. Toen ze merkten dat we naderden, vielen de verschillende draken stil en staarden ze ons aan. Je kon aan hun aandacht zien dat ze nog nooit zo'n jonge draak met een hogere frequentie hadden gezien. Jake, die rechtop stond, probeerde zo groot mogelijk te worden, terwijl ik me concentreerde op het in stand houden van mijn drakenlichaam.

"Kijk, het is een mens," riep een van de jongere draken, terwijl hij naar me wees. Ik dacht dat ik mijn drakenlichaam goed vast had kunnen houden, maar mijn geur, aura of iets anders had me verraden. "Verbazingwekkend," merkte een andere jonge draak op, die dichterbij kwam met de bedoeling mij aan te raken. Ongeveer even oud als Jake, maar twee keer zo groot: ik voelde me niet veilig gezien de twijfelachtige geschiedenis van mensen met draken met een lagere frequentie.

"Dit zijn onze GASTEN," onderbrak Hisss, terwijl hij stilstond. "Bemoei je met je eigen zaken."

De jonge draak verontschuldigde zich en ging eerbiedig achteruit, wat aangaf dat de ambassadeur zeer gerespecteerd werd. Hisss liep verder tussen de enorme, starende draken en liep richting een gebouw aan de andere kant van de nederzetting.

Toen ik om me heen keek, zag ik dat de vallei vanaf de grond tot ver omhoog op de kliffen uit grotten bestond, als een honingraat. In tegenstelling tot de andere drakenwereld, waren er houten constructies te zien bij de ingang van elke grot en elke constructie was uniek. Sommige waren vierkant, andere rechthoekig of cirkelvormig en in elk bouwwerk waren verschillende bomen en struiken verweven. Dit dorp met zijn weelderige, aardse structuren sprak me meer aan dan het dorre landschap van de andere drakenwereld. Jake leek het met me eens te zijn, want hij straalde golven van plezier uit terwijl hij de omgeving overzag. Hisss stopte voor een grot op de grond. Daar wachtten een jonge vrouwelijke draak en twee kleintjes.

"Dit is Murmastosis, mijn huidige partner en mijn huidige nest-jongen," zei Hisss bij wijze van introductie.

Ik had willen vragen wat met 'huidig' bedoeld werd, maar ik wilde niet onbeleefd zijn.

"Maak het jullie gemakkelijk," zei Murmastosis, terwijl zij naar een zandbak wees waar warme kolen lagen te dampen. We installeerden ons in de kuil en ze legde robijnen en granaten, waarvan ik aannam dat ze voor energie waren, voor ons neer.

"Bedankt voor uw warme welkom," zei Jake hoffelijk tegen Murmastosis. Ik bewonderde zijn tact, gezien de voor hem onbe-kende situatie.

"Niet onbekend," fluisterde hij telepathisch. "Onze leraar heeft ons holografisch deze constructies laten zien en ons verteld over het gepaste gedrag in deze wereld."

Op dat moment kwam Hisss bij ons in de zandbak en zijn nestjongen kropen tegen zijn mollige zij aan. Jake's ogen werden groot van verbazing over de genegenheid die de nestjongen toonden. Hisss merkte het op en zei tegen Jake: "In tegenstelling tot jouw wereld onderhouden vaders in onze wereld nauw contact met hun nakomelingen. Wij vinden dat dit hen kalmeert en voedt op een manier die jullie onaangenaam zouden vinden."

Hisss nam de rol aan van de wijze ouder die de jongere vertelde hoe hij zich kon verbeteren en Jake, zo zag ik tot mijn genoegen, accepteerde goedgehumeurd zijn onderricht. Tot nu toe had ik deze wereld en de interacties stilzwijgend geobserveerd, omdat ik niet op de verkeerde voet wilde beginnen. Ik voelde me nu meer op mijn gemak en besloot een vraag te stellen.

"Op welke manieren onderwijst u uw nakomelingen, meneer?" vroeg ik.

"Zoals je waarschijnlijk weet," antwoordde hij, terwijl hij zijn aandacht op mij richtte, "bevindt onze wereld zich in een lagere astrale frequentie die dichter bij de frequentie van de Aarde ligt dan die van de drakenwereld met hogere frequentie."

Ik knikte begrijpend en hij vervolgde op vaderlijke toon: "Wij respecteren liefde, geduld, loyaliteit, medeleven en andere nobele kwaliteiten en streven ernaar deze te ontwikkelen. We hebben ontdekt dat als we fysiek en liefdevol contact hebben met onze jongen, ze deze kwaliteiten gemakkelijker ontwikkelen."

"We hebben hetzelfde geleerd in de mensenwereld," antwoordde ik, in een poging een brug tussen ons te slaan.

Ondertussen zag ik aan de zijkant een paar jonge mannetjes een tak dragen en Jake aansporen om mee te doen met wat leek op een spel met fysiek contact. Hoewel hij graag nieuwe dingen uitprobeerde en mee wilde doen, was hij zich bewust van zijn fysieke nadeel, omdat hij half zo groot was als de andere jonge draken en hij aarzelde. Hisss herkende Jake's dilemma. Hij riep de jonge draken naar de zandbak en stelde voor: "In plaats van elkaar fysiek te tackelen om de tak te pakken te krijgen, stel ik voor dat je elkaar alleen met de tak aanraakt en wie wordt aangeraakt ligt uit het spel. De winnaar is degene die niet aangeraakt wordt door de tak. Op die manier kan onze GAST met jullie meedoen." De jonge draken keken elkaar twijfelend aan, gezien het feit dat fysiek duwen en trekken kennelijk hoog op hun prioriteitenlijstje stond. Toen ze echter goed naar de magere, kleinere Jake keken en aangespoord door het woord GAST, stemden ze toe. Met onuitgesproken instemming pakte het grootste mannetje de tak.

Jake schoot als een speer naar het midden van hun groep, waarbij hij ver uit de buurt van de tak bleef. Het grote robijnrode jong die de tak vasthield rende achter Jake aan, maar toen hij hem niet te pakken kreeg, tikte hij een smaragdgroene draak aan, die in de weg stond. De smaragdgroene draak lag uit de wedstrijd en het grote robijnrode jong ging weer achter Jake aan. Jake dook snel tussen de saffierblauwe en indigo mannetjes en het robijnrode jong dat zijn kans zag, tikte de saffierblauwe draak aan. Er bleven nog twee jonge draken over en de robijnrode draak won aan snelheid, toen hij achter Jake aan scheurde. Het zag er niet goed uit voor mijn kleine drakenbroer, tot het saffierblauwe jong achter hen beiden aan ging en, zijn robijnrode vriend onderscheppend, de tak uit zijn klauw greep. Toen ze de hachelijke situatie van de robijnrode draak zagen, barsten de anderen in lachen uit. Het was duidelijk dat de regels van het spel veranderden terwijl ze aan het spelen waren.

Het grote robijnrode jong ging er vandoor met de saffierblauwe draak achter hem aan. Jake bleef staan en vroeg zich af wat hij moest doen, toen het saffierblauwe jong afboog, hem aantikte en de tak gaf. Lachend omdat hem een poets gebakken was, ging Jake achter het grote robijnrode jong aan dat te snel was voor Jake om te vangen. Jake stopte uiteindelijk en legde zich hijgend neer bij zijn nederlaag. De anderen renden op hem af en gaven hem schouderklopjes. Hij wankelde onder hun enthousiasme, maar bleef staan, trots dat hij zich staande had gehouden. Terug in de zandbak zakte hij uitgeput in elkaar.

"Zo maak je vrienden," zei Hisss goedkeurend, terwijl hij naar mij keek om te zien wat ik als toegift van plan was.

"Niets," zei ik hardop. "Bij elke inspannende activiteit zal ik terugkeren naar mijn menselijke vorm en verpulverd worden. En wat zal mijn boek dan over u vermelden? Ik kan u nu al zeggen dat het niet positief zal zijn."

"Goed punt," antwoordde Hisss instemmend.

"Heb je een andere suggestie over wat je zou willen doen?" vroeg hij door, terwijl hij zijn rechterwenkbrauw optrok.

Me suf piekerend richtte ik mijn blik op het jonge vrouwtje dat naar mij keek en ik zei: "Ik wil graag met Murmastosis spreken."

"Natuurlijk," stemde Hisss goedmoedig in. Hij pakte de twee jongen, één in elke klauw, en klom uit de warme kuil. Hisss knikte naar Jake om te vragen of hij hem wilde vergezellen. Mijn drakenbroer keek me aan met een 'mag ik blijven' blik en ik stemde toe. Dit was tenslotte zijn kans om meer te leren over hun wereld en die kans wilde ik hem niet ontnemen.

Murmastosis keek naar mij en toen naar Jake en wachtte tot een van ons haar iets zou vragen. Hoe vreemd het ook mag lijken, ik wist niet wat ik haar moest vragen omdat ik niets ongepasts wilde doen of zeggen. Jake schoot te hulp. "Als je het niet erg vindt dat ik het vraag, kun je ons iets vertellen over de relatie tussen vrouwelijke en mannelijke draken in jouw wereld?"

Zo'n voor de hand liggende vraag voor een jonge mannelijke draak om te stellen en het jonge vrouwtje glimlachte en dacht hetzelfde als ik. "In onze wereld zijn vrouwelijke draken gelijkwaardig aan mannelijke draken als het gaat om een partner kiezen en de jongen grootbrengen," antwoordde ze met trots en gezag.

Omdat zij smaragdgroen van kleur was en veel jonger dan Hisss, was ik ook nieuwsgierig om meer te weten te komen over de rolpatronen in de drakenwereld met lagere frequentie. "Hisss zei dat jij zijn huidige partner was. Wat bedoelde hij?" vroeg ik zo tactvol mogelijk.

"Ik ben zijn vijfde partner en dit is zijn vierde broedsel," antwoordde Murmastosis. "Maar hij is mijn eerste partner. Jongere vrouwtjes en mannetjes hebben vaak oudere partners om hen naar behoren te leren hoe ze goede partners moeten zijn en hoe ze nakomelingen moeten grootbrengen."

Ze glimlachte verlegen naar Jake terwijl ze sprak en ik voelde een verandering in de richting van het gesprek.

"Hmmm...hmmm...," begon Jake, komend bij zijn echte vraag. "Zouden vrouwtjes hier mannetjes uit mijn wereld aantrekkelijk vinden als partner?"

"Dat hangt af van wat hij te bieden heeft aan wenselijke eigenschappen," antwoordde ze, uitnodigend tot verdere discussie.

"Hmmm...hmmm...," hield Jake vol. "Is het bijvoorbeeld wenselijk voor een smaragdgroen vrouwtje om een indigo gekleurde partner ooit als aantrekkelijk te beschouwen?" "Zeker," antwoordde ze koket en ik kon zien waar dit toe leidde. "Maar als ze jongen had om groot te brengen, zou ze willen dat deze eerst uitgevlogen waren. Ik weet zeker dat je dat begrijpt."

"Oh ja," antwoordde Jake vol begrip. "En het zou pas het juiste moment moeten zijn als beide draken volwassen waren, denk je niet?" Oh mijn god, hoe was ik bij deze hofmakerij verzeild geraakt?

"Ja, dat klopt," antwoordde het mooie smaragdgroene vrouwtje, terwijl ze ingetogen haar hoofd liet zakken. "En in onze wereld kunnen zowel mannetjes als vrouwtjes veel partners hebben in hun leven. Is dat bij jullie ook zo?"

"Absoluut," antwoordde Jake, zich in zijn volle lengte oprichtend.

"Geweldig," zei ik terwijl ik me eerst naar haar en toen naar hem draaide. "Ik heb zoveel geleerd. Heel erg bedankt voor het delen. En nu Jaakelousekindvron, is het tijd om terug te keren naar jouw wereld, vind je niet?" Ik gaf hem een telepathisch duwtje en hij begreep wat ik bedoelde.

"Geef onze beste wensen aan de ambassadeur en bedank hem voor zijn ontvangst," zei hij hoffelijk tegen Murmastosis, voordat hij er met een twinkeling in zijn ogen aan toevoegde. "Ik kijk ernaar uit om je weer te zien."

Ik knikte gedag, greep Jake mentaal bij zijn kladden en duwde hem terug in zijn wereld, terwijl ik terugkeerde naar de mijne. Misschien heb ik een of andere overtreding van de drakenetiquette voorkomen, dacht ik bij mezelf, terwijl ik nadacht over wat er tussen Jake en het jonge vrouwtje was gebeurd. Over het algemeen vond ik dat we het goed hadden gedaan, maar ik keek ernaar uit om te horen wat mijn lieve drakenbroer zelf te zeggen had over zijn hofmakerij, als we elkaar de volgende keer zouden ontmoeten.

Mijn Broedmoeder

Bezorgd over de gevolgen van Jake's gedrag, sliep ik niet goed. Bij het aanbreken van de dag transformeerde ik snel mijn menselijke vorm in mijn vertrouwde drakenlichaam en ging naar zijn grot. Hij zat daar gehurkt op me te wachten met een strenge uitdrukking op zijn gezicht.

"Ik vond het niet leuk dat je me mentaal een duw gaf," bromde hij, terwijl hij overeind kwam. "Dat is voor draken erg beledigend en respectloos."

"Waarom flirtte je met de partner van een andere draak en dan ook nog in een vreemde wereld? Oeps, ben ik vergeten te zeggen dat het de partner van de ambassadeur was?" weerlegde ik, terwijl ik hem de les las.

"Als je denkt als een mens, begrijp je het niet," zei hij. "En niet schelden, dat is erg ongepast," voegde hij eraan toe, mijn bezorgdheid niet serieus nemend.

"Leg het dan uit. Wat begrijp ik niet?" vroeg ik verward.

"Ik gaf Murmastosis een compliment. En zoals je aan haar reactie kon zien zou ik, als draak met een hogere frequentie, welkom zijn als toekomstige partner... als ik volwassen ben natuurlijk."

"En dat is wanneer?" vroeg ik.

"Over een paar honderd jaar ben ik volwassen en dan is zij nog jong en mooi en kleiner dan de meeste andere vrouwtjes in de drakenwereld met lagere frequentie. Met andere woorden, begeerlijk." "Dat is een goed punt," gaf ik toe. "Murmastosis zei wel dat ze Hisss' vijfde partner is, dus ik begrijp dat het hebben van veel partners prima is in jullie beider drakenwerelden. Maar wat ik niet begrijp is waarom je op zo'n jonge leeftijd zo'n serieuze verbintenis aangaat met een draak die niet eens van jouw ras is?"

"Nogmaals... je begrijpt het niet," antwoordde hij met overdreven geduld. "Ik denk dat het tijd is dat je onze broedmoeder ontmoet. Zij kan je alles beter uitleggen. Ik daarentegen ga naar mijn jonge vrienden, die mij zullen feliciteren."

Jake zond een dringende oproep uit aan onze broedmoeder en terwijl hij zijn hoofd naar me schudde, liep hij naar de ingang van de grot en vloog weg.

Hij had gelijk. Ik had geen idee hoe ik zijn gedrag moest interpreteren. Ik had lang gewacht om met mijn broedmoeder te spreken. Van de laatste keer herinnerde ik me alleen het beeld, dat ze haar voorouderlijke herinneringen in mij downloadde en niets dat ik een gesprek zou kunnen noemen.

Toch had ik spijt van de situatie en vroeg ik me af of ik een grove inschattingsfout had gemaakt. Ik speelde het vervelende gesprek met mijn drakenbroer opnieuw af in mijn hoofd, toen een volwassen indigo gekleurd vrouwtje landde bij de ingang van de grot. Ze tuurde in de duisternis, zag me en, stof opschoppend met haar grote klauwen, liep ze naar voren. Ik stond als aan de grond genageld. Ze was groter dan Jake en ik was in haar grot. Omdat ik geen idee had wat ik moest zeggen of doen, deed ik niets.

"Kom nou," zei ze, terwijl ze me met amberkleurige ogen aankeek. "Je hoeft niet nerveus te zijn. Ik ken je net zo goed als die nestbroer van je."

"Ik herinner me dat ik in jouw grot was toen Jake uit het ei kwam, maar je nu ontmoeten is toch wat anders," antwoordde ik. "Het is alleen anders voor je menselijke zintuigen. Voor draken, zoals je ondertussen zou moeten weten, is tijd vloeibaar en kunnen we verleden, heden of toekomst ervaren door mentaal door de tijd te stromen. Maar dat is niet waarom ik hier ben. Ik heb van Jaakelousekindvron begrepen dat je onderricht nodig hebt over de relaties tussen mannelijke en vrouwelijke draken."

Mijn drakenmoeder glimlachte toegeeflijk, waardoor ik me op mijn gemak voelde. Ze was mooi naar drakenmaatstaven. Haar indigo gekleurde schubben gloeiden van gezondheid en ze had een warme, gastvrije uitstraling. Ik kon veel vragen bedenken die ik wilde stellen, maar koos ervoor om direct naar de kernvraag te gaan, die maar aan me bleef knagen.

"Hoe heb je mij uitgebroed? Ik ben tenslotte een mens, geen draak, dus ik begrijp het niet. Zat ik in een ei of zo?"

"Haha," reageerde ze goedmoedig. "Mensen hebben zulke vreemde vragen. In de hogere astrale wereld kun je elke vorm aannemen die je maar wilt. De wezens die toezicht houden op onze drakenevolutie werken samen met de wezens die toezicht houden op menselijke en andere evoluties. Ze wisten dat jij in je astrale en causale lichaam op zoek was naar een bewuste ervaring van onze wereld, omdat jij, net als Jaakelousekindvron, voorbestemd was om als brug te fungeren tussen evoluties. Je vader en ik zijn door generaties heen gevormd om jullie twee samen in het nest te verwelkomen."

"Oh jee," antwoordde ik vol ontzag. "Door generaties heen?"

"Natuurlijk, alle generaties worden gekend door grootse wezens. Het is niet alleen jouw evolutie, het zijn alle evoluties. Heb je hier nooit over nagedacht?"

"Ik denk het niet," antwoordde ik, "maar nu wel. Terug naar mijn vraag: zat ik in een ei?"

"Ja, in onze hoge astrale wereld zat je in een ei."

"In een lucide droom herinner ik me dat ik in je grot was en dat je me uitbroedde, maar ik was een mens en geen draak. Hoe verklaar je dat?"

"Je ontwaakte in je menselijke vorm in onze astrale wereld en begreep niet hoe je je ervaring moest interpreteren. Het was echter niet het juiste moment om ons bewust te ontmoeten."

" Je hebt gelijk," antwoordde ik. "Op een eerder moment in mijn leven zou ik niet hebben begrepen hoe ik een drakenlichaam kon aannemen en naar jouw wereld kon reizen. Als ik de elementale wereld niet had verkend en op Aarde hybride mensen had ontmoet uit verschillende evoluties, zoals elfen, engelen en draken, zou ik nooit hebben geloofd dat ik me in een drakenei in de hogere astrale wereld kon bevinden."

Ik voelde aan alles dat mijn broedmoeder de waarheid sprak en deze waarheid nestelde zich in elke cel van mijn lichaam. Ze keek me goedkeurend aan en ik had mijn tweede vraag al klaar.

"Heb je nog andere nestjongen en zo ja, zijn die ook van een ander ras?"

"Op dit moment heb ik geen andere nestjongen, maar die heb ik in het verleden wel twee keer gehad. Die waren van het drakenras. Ik moest ervaring opdoen met nestjongen voordat ik de verantwoordelijkheid kreeg om jou en je nestbroer samen uit te broeden, omdat jullie allebei een missie hebben om een brug te slaan tussen de menselijke wereld en de drakenwereld. Zoals je hebt gezien, houdt uitbroeden meer in dan eieren warm houden. Broedmoeders moeten de nestjongen de herinneringen van hun voorouders meegeven en het vergt oefening om het juiste moment te kiezen om de nestjongen te onderwijzen."

"Was mijn astrale vader dezelfde als de vaders van de andere nestjongen?" vroeg ik nieuwsgierig.

"Helemaal niet," antwoordde ze. "De eerste vader was van de indigo afstammingslijn zoals ik en vrij oud; de tweede was een saffierblauwe draak en veel jonger. Ik had ervaring nodig met andere afstammingslijnen en temperamenten voordat ik met jouw oeroude robijnrode vader kon paren."

"Ah, ik heb een moeilijke vraag." Ik aarzelde omdat ik haar niet wilde beledigen. "Ik wil niet dat je denkt dat ik ondankbaar ben dat Jake mij onderwijst, maar waarom kreeg ik geen oudere, meer ervaren draak, zoals jij."

"Jaakelousekindvron heeft een oude ziel en hij is voorbestemd om een vooruitstrevende leider van ons te worden. Ik ben vereerd dat ik zijn broedmoeder ben geweest. Hij is flexibeler dan oudere draken en meelevender dan de meesten van ons. Hij heeft alle kwaliteiten en informatie die je nodig hebt voor je taak en voor wat hij niet weet, is hij vindingrijk genoeg om daarachter te komen."

"Dat brengt me bij de volgende vraag. Jake lijkt geïnteresseerd te zijn in een relatie met een jonger, niet zo groot, smaragdgroen vrouwtje uit de drakenwereld met een lagere frequentie, die tevens de huidige partner is van de ambassadeur voor jouw wereld. Jake maakte zijn toekomstige bedoelingen duidelijk aan haar en ze was zeker geïnteresseerd. Is dit soort gedrag acceptabel?" "Hij is slim dat hij dit plan al heeft opgesteld. Daarmee maakt hij duidelijk dat een van zijn doelen zal zijn om nauw samen te werken met de draken met een lagere frequentie. En om de huidige partner van hun ambassadeur te kiezen is briljant. Dat zie je toch wel?" vroeg mijn broedmoeder die niet Jake's, maar mijn oordeel in twijfel trok.

"Hij wilde dat ik met jou sprak omdat ik aan hem twijfelde," bekende ik. "Nu, dankzij jouw uitleg, begrijp ik de verschillen tussen mensen en draken beter als het gaat om paren en het hebben van relaties."

Ze staarde me aan en ik kon zien dat ze ergens over nadacht.

"Ik heb een suggestie," zei ze uiteindelijk. "Ik denk dat het goed voor je zou zijn om de oeroude, wijze robijnrode draak te ontmoeten die jou verwekt heeft."

"Als het mogelijk is," zei ik, overweldigd door dit vooruitzicht, "ontmoet ik hem liever op een andere dag. Vandaag voel ik me onzeker over mijn vermogen om draken te begrijpen, omdat ik nogal een blunder heb gemaakt met Jake."

"Dat was te verwachten," antwoordde mijn broedmoeder. "Je bent nog geen volwaardige draak gezien de huidige wijze waarop je onze wereld bezoekt. Jij en Jaakelousekindvron zijn allebei in training."

"In training?" vroeg ik, terwijl ik haar mentaal verzocht meer te vertellen.

" Jaakelousekindvron zal als brug fungeren tussen vele evoluties. Hij begint met mensen en jullie kwamen uit hetzelfde nest om hem een voorsprong te geven in het begrijpen van jullie ras."

Door haar antwoord vroeg ik me af hoeveel jaar draken leven, zodat Jake de tijd had om zijn doel te vervullen.

"Vele duizenden jaren," antwoordde ze, als antwoord op mijn onuitgesproken vraag.

"Dat is leuk voor hem, maar mensen hebben een kort leven, dus het was misschien beter geweest voor jullie allebei om een langer levend ras te kiezen."

"Je bent kortzichtig," onderbrak ze. "Om volledig te kunnen gronden, moet Jaakelousekindvron zijn training beginnen in een wereld met een hoge fysieke dichtheid, vandaar de Aarde. Ten tweede moet hij effectief leren werken in de lagere astrale wereld, vandaar de drakenwereld met lagere frequentie. Alle wezens, inclusief jijzelf, evolueren fysiek, astraal, causaal en zelfs daar voorbij. Hij en jij hebben al op deze frequenties samengewerkt. Zelfs wanneer je korte fysieke mensenleven eindigt, zul je astraal en causaal blijven evolueren, zoals je zelfs op dit moment doet."

"Dat weet ik," antwoordde ik, nijdig dat mij de les werd gelezen.

"We hebben je een prachtige kans geboden om bewust te worden in de lagere en hogere astrale frequenties," antwoordde mijn broed-moeder toegeeflijk. "Er zijn menselijke meesters die samenwerken met onze hoog geëvolueerde draken in de causale wereld en jij bent in training om je bij hen aan te sluiten."

"Weet je het zeker?" vroeg ik.

"Je bent voorbestemd om een brug te zijn tussen evoluties. Daarom werkte je eerst met de elementalen in een astrale wereld met een lagere frequentie en nu met ons. Jij en Jaakelousekindvron zijn hier allebei voor in training en deze training beslaat duizenden jaren."

Ik probeerde alles wat ze zei in me op te nemen. Ik wist in theorie dat alle wezens evolueren naar steeds hogere frequenties. Bovendien, gezien mijn levenslange werk met mensen, elementalen en nu draken,

was het logisch dat het mijn zielsmissie was om dit voort te zetten.
Toch dacht ik in mijn dagelijkse leven zelden na over de roeping
van mijn ziel.

Mijn broedmoeder werd niet ongeduldig. In plaats daarvan volgde
ze rustig mijn innerlijke gedachten.

"Ik heb gezegd wat ik wilde zeggen," zei ze tot besluit. "Je vader
is verder geëvolueerd dan ik, dus het is het beste dat je hem ontmoet
om te leren hoe draken evolueren naar een hoger bewustzijn."

"Ga jij of Jake met me mee?" vroeg ik hoopvol, want ik wilde
niet alleen gaan.

Mijn broedmoeder antwoordde kortaf: "Dat is ongepast. Ik noch
Jaakelousekindvron zouden hem storen."

"En ik zou dat wel moeten doen? Dat slaat nergens op," antwoordde
ik, steeds minder bereid om op haar suggestie in te gaan.

Geamuseerd antwoordde ze: "Nogmaals, je begrijpt het protocol
van draken niet. Ik zal het uitleggen. Ten eerste als mens ben je te
gast in onze wereld. Ten tweede is hij je verwekker en je hebt hem
nog nooit ontmoet en dat zou je wel moeten doen. Ten derde is hij
een wegbereider naar hogere werelden en daarom moet je met hem
spreken. Ten vierde..."

"Oké," onderbrak ik. "Ik snap de boodschap. Een vierde of vijfde
reden is niet nodig, ik ben het er mee eens. Ik ontmoet hem echter
liever een andere dag, want ik ben behoorlijk uitgeput. Maar voordat je
weggaat, zou ik het zeer op prijs stellen als je me zou kunnen vertellen
hoe en waar ik mijn vader kan ontmoeten."

"Je intuïtie klopt," zei mijn broedmoeder, toen ze mijn vermoeidheid opmerkte. "Je kunt hem beter een andere dag ontmoeten. Zullen
we dan maar verder gaan met de instructies?"

Ik knikte instemmend en ze vervolgde: "Mediteer diep op een rustige plek om nog hogere frequenties te bereiken dan je al gedaan hebt. Neem dan mentaal contact op en vraag toestemming om hem te bezoeken."

"Sorry dat ik je onderbreek, maar aangezien ik hem nog nooit ontmoet heb, hoe neem ik dan contact op met hém? Ik wil geen andere draak storen."

Mijn broedmoeder legde het uit. "Je bent zijn bloedverwant. Hij zal je oproep herkennen en jij zal zijn energiesignatuur herkennen. Maak het niet ingewikkelder. Teveel nadenken is zo'n nutteloze menselijke eigenschap." Met haar laatste woorden stond ze op om te vertrekken.

"Bedankt voor het beschrijven van het proces," antwoordde ik dankbaar. "Mag ik nog één vraag stellen?"

"En die is?"

Nu ik haar volledige aandacht had, vroeg ik: "Neem me niet kwalijk als ik je beledig, maar wat zijn precies je eigenschappen, waardoor je uitgekozen bent om mijn broedmoeder te zijn?"

Door haar vleugels helemaal te openen liet ze zien hoe blauw de onderkant ervan was.

"De saffierblauwe afstammingslijn zorgde ervoor dat ik medelevend was, wat samen met de spirituele inslag van de indigo afstammingslijn de ideale combinatie was om zowel jou als Jake, zoals je hem noemt, op te voeden."

"Ik waardeer je medeleven en generositeit en ben dankbaar dat je gekozen bent als mijn broedmoeder. Zullen we elkaar weer ontmoeten?"

"Misschien," antwoordde ze, terwijl ze opstond. "Onze paden zijn niet identiek. Ondanks je dominante indigo kleur, liggen de paden van jou en Jaakelousekindvron in veel opzichten meer op één lijn met die van jullie vader."

"En wat is jouw pad?" vroeg ik, in een poging nog een vraag beantwoord te krijgen.

"Genoeg," onderbrak ze. "Ik ben ergens anders nodig. Belangrijke vragen worden door je vader beantwoord."

Ze glimlachte nog een laatste keer naar me, liep kordaat naar de ingang van de grot en vloog weg.

Ik wist zeker dat Jake een aantal van mijn resterende vragen kon beantwoorden en wachtte af of hij terug zou komen, wat niet gebeurde.

Ik nam aan dat hij had besloten niet tussen beide te komen aangaande de suggestie van onze broedmoeder dat ik met onze vader zou spreken.

Daarom nam ik, moe van het in stand houden van mijn drakenlichaam, mijn menselijke vorm weer aan en keerde terug naar huis.

De Kosmische Draak

Enkele dagen later, tijdens de winterzonnewende, zat ik vredig in mijn meditatietuin in de zon. Hoewel het eind december was in Canada, was het zo warm als op een herfstdag. De winterzonnewende is de eerste dag van het nieuwe jaar waarin de zon begint aan haar weg naar de lente. De timing was perfect om mijn drakenvader te ontmoeten.

Ik ging dieper in meditatie en vroeg me af hoe ik contact met hem kon maken toen ik hoorde: "Ik ben er klaar voor om je nu te ontvangen."

Ik kon hem horen, maar niet zien. Dit was een verschil met mijn gesprekken met alle andere draken die ik had ontmoet. Toch voelde ik intuïtief dat ik geen tijd moest verliezen met nadenken over waarom ik hem niet kon zien. Ik wist intuïtief dat kosmische vragen, in plaats van persoonlijke vragen, door hem het meest gewaardeerd zouden worden.

"Bestaat er een equivalent van de winterzonnewende in de drakenwereld?" Ik vond het lastig hoe ik moest beginnen.

Hij antwoordde met een diepe, wijze stem: "Planeten en zonnestelsels bestaan en bewegen binnen het ontwerp van de Bron van Alles. Samen zijn we verbonden in het raster van voortdurende evolutie, bewegend van de laagste naar de hoogste frequenties en nog verder, naar de stilte van de Bron van Alles. Dit kan alleen gekend worden in de stilte van de diepe ruimte die jij de Leegte noemt, het vormloze bestaan buiten tijd en ruimte. Je komt het voor het eerst tegen als een leegte, die bruist van potentieel. En dat is wat ik vandaag met je wil bespreken." Hij pauzeerde om er zeker van te zijn dat ik hem kon volgen voordat hij verder ging. "Zelden daal ik af naar een frequentie die laag genoeg is om te communiceren met jou of met wezens zoals jij. Ik aarzel, omdat het mijn evolutie vertraagt, die bestaat uit het opgeven van alle gehechtheid aan vormwerelden. Toch kon ik de oproep niet weigeren, omdat je familie van me bent."

"Maar meneer, ik had u nog niet opgeroepen," antwoordde ik.

"Ik weet het," antwoordde mijn vader, "maar je broedmoeder plaatste een oproep in de hogere frequenties, die de kiem bevatte van wat je wilt weten. Waar ik besta, is alles potentieel. Ik voel niet langer de neiging om me te manifesteren, omdat ik maar één verlangen heb: me te verenigen met de Bron van Alles in een steeds grotere samensmelting en om het afstand doen van vorm, te kennen en te vervullen. Dit is de reis die ik maak. Jij en je nestbroer zijn mijn laatste nakomelingen. Ik had er moeite mee om de vormloze wereld te verlaten en terug te keren naar de wereld van vorm om mijn voorbestemde taak te vervullen om het ei van jullie beiden te bevruchten."

"Kunt u me alsjeblieft vertellen hoe u dit gedaan hebt?" vroeg ik beleefd, omdat ik me nu realiseerde hoe mijn vragen hem wegvoerden van de vormloze werelden.

"Mentaal," antwoordde hij. "Wanneer jij of welk wezen dan ook het niveau bereikt waarop ik besta, gebeurt alle bevruchting mentaal. Er is geen behoefte meer aan fysieke interactie of coïtus. Er is geen verlangen, alleen een resterende verplichting om de laatste taak uit te voeren waar men in de wereld van vorm voor ontworpen was. Aldus spreek ik vandaag met je om mijn contract met de Bron van Alles na te komen."

Ik maakte me zorgen, omdat Jake niet profiteerde van het spreken met onze vader, zoals ik, en ik vroeg: "Meneer, waarom spreekt u alleen met mij? Waarom niet met mijn nestbroer?"

"Hij begrijpt de bestemming van draken en de volgorde van stappen," antwoordde onze vader. "Elk offer en elke vooruitgang wordt geleerd in het nest, verankerd in de herinneringen van jullie broedmoeder. Hij begrijpt het, terwijl jij als mens dat niet doet en daarom woorden nodig hebt."

"Krijgen alle afstammingslijnen deze kans om voorbij vorm te gaan?" vroeg ik, omdat ik het volledig wilde begrijpen.

"Natuurlijk krijgen alle draken van alle afstammingslijnen en alle rassen in alle zonnestelsels en de kosmos deze kans."

"Is het moeilijker voor een robijnrode draak dan, laten we zeggen, een saffierblauwe of indigo gekleurde draak?" polste ik, wetend dat hij een robijnrode draak was, ook al kon ik hem niet zien.

"Nee," antwoordde hij. "De robijnrode draak heeft meer wilskracht en levensenergie dan draken in vele andere afstammingslijnen. Mijn wil is uitgelijnd op de kosmische wil in de hogere causale frequenties. Dat betekent niet dat andere afstammingslijnen niet even wenselijke eigenschappen hebben die hen in staat stellen om op te stijgen naar een hoger bestaan zonder vorm. Ieder wezen moet zijn sterke punten gebruiken en de kansen grijpen die door de Bron van Alles worden gegeven en het pad volgen tot de voltooiing. Dit is wat ik aan het doen ben."

"Meneer, toen u jonger was, heeft u toen ooit getwijfeld of geaarzeld of een terugval gehad?" vroeg ik, aangezien ik vaak aan mezelf heb getwijfeld en traag ben geweest. "Ja, natuurlijk," antwoordde hij. "Dit is een normale fase in het evolutionaire proces, naarmate je je spirituele aard meer en meer verfijnt en de vormwereld loslaat. Dit proces neemt in snelheid toe en wordt moeilijker naarmate je dichter bij de vormloze wereld komt. Twijfel daar nooit aan. Het is dus vaak moeilijk voor een wezen om de voortgang vast te stellen, naarmate het wezen alle banden met de wereld van vorm verbreekt."

Ik was gefascineerd door alles wat hij zei en had nog dagen met hem willen praten, maar ik wist dat het niet zo mocht zijn. Ik koos de vraag die me het meest bezighield en vroeg: "Wat is uw functie?"

"Functie is een woord dat in lagere frequenties wordt gebruikt," begon mijn vader. "Het is meer een 'doen' woord en ik ben meer 'zijn'. Toch begrijp ik je vraag. Ik geef me volledig over en versmelt met de Bron van Alles. Ik laat mijn identiteit als robijnrode draak en zelfs als draak los. Maar, paradoxaal genoeg, terwijl ik op één niveau oplos, evalueer ik op een ander niveau. Ik word een Sterrendraak, een wezen van de sterren. In mijn jeugd, duizenden jaren geleden in jullie tijd," ging hij verder, "reisde ik over sterrenpaden naar ontelbare fysieke en astrale werelden. Ik was nieuwsgierig, misschien wel meer dan de meesten van mijn soort, om andere omgevingen, andere zonnestelsels en hoe andere evoluties leefden met eigen ogen te zien. In latere jaren werd ik een kosmische reiziger, die ver, ver, ver weg over het raster van licht reisde, om kennis terug te brengen naar de drakenwereld.

Anderen beschouwden me als een leider en ik werd het hoofd van de robijnrode afstammingslijn. Aan de ene kant was het een eer en iets om naar te streven. Aan de andere kant hielden mijn trots en verantwoordelijkheid tegenover mijn ras me gebonden om in de vormwereld te blijven. Ik was gebonden, terwijl mijn ziel, mijn diepere zelf, vrij wilde zijn om het hogere causale rijk te verkennen. Nu vertrek ik vandaar opnieuw om door de sterren te reizen, maar deze keer als Sterrendraak."

Dit was de eerste keer dat ik deze term hoorde en ik wilde zeker weten dat ik begreep wat hij zei, dus vroeg ik: "Wat is een Sterrendraak?"

"Jullie noemen ons de Kosmische Draak. Jullie beschikken over menselijke meesters, die voorbij ruimte en tijd zijn gegaan en dat geldt ook voor ons draken."

"Maar ik heb de Sterrendraak gezien, de Kosmische Draak," zei ik. "En ik leef nog steeds in de fysieke wereld binnen de grenzen van ruimte en tijd. Hoe is dat mogelijk, als de Sterrendraak voorbij vorm is?"

"Scherpzinnig nestjong," antwoordde hij. "Ik weet wat je hebt gezien, maar *jij* weet niet helemaal wat je hebt gezien. Wij Sterrendraken zijn niet één; we zijn met velen die de werelden van vorm hebben verlaten. Toch worden sommigen door de Bron van Alles gevraagd om terug te keren naar de hogere vormrijken om te helpen met de evolutie van planeten, zonnestelsels en de kosmos. Dit is de rol van onze broederschap en zusterschap. Eerder noemde je het woord 'functie' en je zou kunnen zeggen dat dit onze functie is, hoewel ik benadruk dat dit geen woord is dat bij ons hoort. Onze rol gaat verder dan de gedachtewereld. Het is een zijnswereld. We zijn in harmonie verenigd met de Bron van Alles. Ik bevind me nog maar in de beginfase van deze vereniging, dus ik kan niet spreken vanuit een diepgaande ervaring, maar ik kan wel de weg wijzen naar dit domein. Hier leven menselijke meesters, drakenmeesters, meermensen, feniksen en vele anderen in een 'staat van potentieel'. Ze kennen de lotsbestemmingen van planeten en rassen en ademen deze in en uit." "Het is moeilijk voor me om te volgen wat u zegt," bekende ik. "Natuurlijk is dat zo," zei hij. "Woorden kunnen niet overbrengen wat we zijn, hoewel we dat proberen te doen, zodat je een glimp kunt opvangen van je potentieel, je zielsbestemming, niet als individu, maar met betrekking tot de bestemming van je ras."

Ik probeerde nog steeds te begrijpen waarom ik de Sterrendraak had gezien, dus ik vroeg: "Werken Sterrendraken meestal met draken?"

"Sommige wel, sommige niet."

"Zoals u misschien weet, heeft Mahavatar Babaji me gevraagd dit boek over de drakenwereld te schrijven. Is hij een draak?"

Mijn vader antwoordde: "Hij is een draak. Hij is ook een mens. Hij is een Sterrendraak."

"Ik begrijp niet hoe hij beide kan zijn," zei ik, op zoek naar duidelijkheid.

"Ik weet dat je het niet begrijpt, nestjong. Schrijf precies op wat ik heb gezegd en het zal mettertijd duidelijk worden voor jou en anderen. Onze ontmoeting eindigt hier. Het ga je goed en verwezenlijk je lotsbestemming."

Met deze laatste woorden verbrak hij de verbinding en kon ik hem niet meer horen. Ik voelde me vereerd dat mijn vader, een Sterrendraak, naar een lagere frequentie was gekomen om met me te spreken en ons gesprek voelde compleet aan.

Epiloog

Gedurende mijn hele ervaring met mijn nestbroer, broedmoeder en vader, kon ik maar niet begrijpen hoe ik, een mens, kon worden uitgebroed als een draak. Ik betwistte niet de juistheid van wat elk van hen me had verteld of mijn feitelijke ervaringen in de drakenwereld. Mijn onopgeloste vraag had volledig te maken met in mijn gehechtheid aan mijn fysieke lichaam als mens, wat ik niet kon rijmen met het feit dat ik fysiek verwant was aan draken. Pas toen ik klaar was met het schrijven van het boek en deze kwestie had laten rusten, kwam het antwoord op mijn vraag vanzelf.

IK BEN EEN DRAAK in de drakenwereld!

Tot het moment dat ik me dit realiseerde, dacht ik aan mezelf als een mens in een drakenlichaam, wanneer ik de drakenwereld bezocht. Wat er veranderd was, was dat ik nu besefte dat ik nog een bestaan had als een draak in de drakenwereld. Voorheen kon ik mezelf niet toestaan dit besef te accepteren, omdat het daarmee mijn identificatie als mens teniet deed. Nu wist ik echter dat ik een mens was in de driedimensionale realiteit van mijn aardse leven en dat ik een draak was in de hogere astrale frequentie van de drakenwereld. Mijn drakenbroer had hierop gezinspeeld toen we elkaar voor het eerst leerden kennen,

maar het had niet beklijfd. Ik was er niet klaar voor om het te weten.
Deze openbaring maakte het voor mij mogelijk om beter te begrijpen
wat Jezus bedoelde toen Hij zei: "In het huis van mijn Vader zijn vele
woningen." [4] Het huis van zijn Vader is de kosmos en elke woning is
een andere wereld. En... als ik een draak ben in de drakenwereld, kan
ik tegelijkertijd een zeemeermens zijn in de zeemeerwereld en een
ander wezen in een andere wereld. Deze bestaansvormen kunnen
allemaal tegelijkertijd in verschillende werelden en frequenties bestaan.

Eén vraag bleef over. Waarom hadden mijn drakenbroer en de
anderen gedaan alsof ik een mens was toen ik hun wereld bezocht in
mijn drakenlichaam? Meteen toen ik mezelf deze vraag stelde, wist
ik het antwoord al. Ze zagen me zoals ik mezelf zag, namelijk als
een mens in een drakenlichaam. Verder realiseerde ik me dat mijn
drakenfamilie zich ervan bewust was dat ik een volwaardige draak in
hun wereld was en wachtte tot ik zelf tot dit besef zou komen. Alle
wezens, mensen, draken of anderszins, moeten zelf ontdekken wat ik
nu had geconstateerd. Niemand kan iemand anders helpen om van
theorie naar een diep innerlijk weten te bewegen. Ik was een nieuwe
plek binnengegaan, een paradigmaverschuiving in bewustzijn, een
gigantische 'aha' die plaatsvindt als we heel veel geluk hebben en
een moment van genade en helderheid. Mijn volgende inzicht was
dat Mahavatar Babaji, door mij te vragen over de drakenwereld te
schrijven, me de sleutel had aangeboden om de deur naar dit nieuwe
paradigma te openen. Hij wilde niet alleen dat ik kennis vergaarde,
hij katapulteerde me energetisch in deze nieuwe realiteit! En ik had,
net als alle wezens, de vrije wil om 'ja' of 'nee' te zeggen. Godzijdank
was Babaji geduldig geweest gezien de tijd die ik nodig had gehad
om aan zijn verzoek te voldoen, terwijl ik een evenwicht probeerde

te vinden tussen mijn menselijke wensen en de prioriteiten van mijn ziel als multidimensionaal wezen. Al deze inzichten deden zich tegelijkertijd voor. Het ragfijne vlies dat me van elk weten scheidde, loste onmiddellijk en zonder moeite op. Je vraagt je misschien af, gezien de hints in mijn verhaal, hoe ik niet kon zien dat ik nog een ander leven had als draak in de drakenwereld. Ik was het slachtoffer van wat in de psychologie 'confirmation bias' wordt genoemd. Dit is de neiging om informatie te zoeken, te interpreteren, te verkiezen en te onthouden op een manier die overeenkomt met of steun biedt aan iemands eerdere overtuigingen of waarden. We kunnen niet buiten gebaande paden kijken... niet verder dan onze eigen overtuigingen. We weten zelfs van wetenschappers dat ze de resultaten van hun experimenten ontkennen als die niet overeenkomen met hun vooronderstellingen. Door dit te doen, lijden ook zij aan 'confirmation bias'.

Dit is wat er met mij gebeurde omdat het antwoord, dat me in het gezicht staarde, zo schokkend was dat ik onbewust moet hebben geweten dat, als ik geloofde dat ik een draak was, veel van mijn eerdere overtuigingen die me een stabiele basis voor mijn menselijk leven gaven, teniet zouden worden gedaan. Wanneer je je in een bepaald paradigma bevindt, past alles zich aan aan de overtuigingen behorende bij dat paradigma, wat een gevoel van veiligheid en comfort geeft, omdat je weet hoe je moet functioneren. Als een ervaring of een idee binnenkomt vanuit een nieuw paradigma, kan dat idee verwarrend en bedreigend zijn voor je bestaande paradigma. De neiging is dus om je te verzetten tegen de binnenkomende informatie en deze zelfs te negeren.

Mijn oude paradigma was stukje bij beetje afgebrokkeld tijdens mijn gesprekken met de draken. Ik had me vastgeklampt aan mijn menselijke identiteit omdat het te bedreigend was om te geloven dat ik tegelijkertijd een draak was. Het veranderen van deze ene overtuiging had een domino-effect, dat mijn oude paradigma, waarin ik maar één identiteit had, oploste. In het nieuwe paradigma had ik meerdere identiteiten en levens in veel verschillende werelden. Aan de oppervlakte klinkt dit misschien als een spannend avontuur, en dat is het ook, maar als je dieper kijkt, zul je je realiseren dat het bestaat uit een ongeëvenaarde reis naar het onbekende - niet iets waar mensen zich prettig bij voelen omdat het betekent dat ze een nieuwe reeks regels en handelingen moeten leren.

Ik had Jake, mijn drakenbroer, al een paar dagen niet gesproken en we hadden geen afscheid genomen toen hij me had achtergelaten bij onze broedmoeder. Ik realiseerde me nu dat hij zich aan Spirit's timing had gehouden en had moeten wachten tot dit besef in mij ontwaakte, voordat hij weer met me kon of wilde praten. Voorheen was ik een bezoeker in zijn wereld. Nu wist ik dat ik een bewoner was.

Noten

Hoofdstuk 3 - Hoe Draken Reizen in Ruimte en Tijd

[1] Tanis Helliwell's boek *Goeiemorgen, Henry: een diepgaande dialoog met je innerlijke intelligentie* helpt mensen om met hun lichaamsbewustzijn te werken.

[2] Paramahansa Yogananda, *De Autobiografie van een Yogi*, Self-Realization Fellowship, Los Angeles, 1946, druk 2011, p. 354-355.

Hoofdstuk 9 - Draken en Hologrammen

[3] Tanis Helliwell's boek *Decoding Your Destiny: Keys to Humanity's Spiritual Transformation* is een nuttige bron om inzicht te krijgen in de ontwikkelingsfasen die de mensheid heeft doorlopen en ons volgende stadium in de evolutie.

Hoofdstuk 20 - Epiloog

[4] Johannes 14:2-6 KJV

Dankwoord

Ik ben Prajnaparamita en Christoph Wasser dankbaar, die mij vertrouwden om het verhaal te delen over de impact van de draak op hun leven. Zonder hun steun, zou dit boek er heel anders uitzien.

Dank aan Jenny Lou Linley die het onbewerkte manuscript beoordeelde en veel suggesties heeft gegeven om het boek te verbeteren en aan Tracey Schavone, die mij verwelkomde in haar huis, waar ik opnieuw een bewerking deed.

Donna Miniely leende haar arendsoog aan het nog steeds evoluerende manuscript en haar suggesties en die van Margaret Mills waren uitstekend. Dank ook aan Marc Vallee die opheldering vroeg over de verschillende astrale rijken waarin draken, elementalen en mensen leven en aan Janet Rouss die ideeën suggereerde voor de omslag en vlieglessen aanmoedigde.

Nita Kay Alvarez, al meer dan drie decennia een bevriende drakenhybride, deed de eindredactie en paste de drakenafbeelding van Jake aan. En zoals altijd, mijn dank aan Melany Hallam, die op meesterlijke wijze de lay-out en de afwerking van de boekomslag voltooide.

Tenslotte wil ik Gerrie Huijts noemen, die mijn boek in het Nederlands heeft vertaald. Dank je Gerrie, voor je liefdevolle zorg om de woorden van de draken in de wereld te brengen.

Over de auteur

TANIS HELLIWELL heeft van kinds af aan hogere sferen waargenomen en gesproken met meesters, engelen en elementalen. Ze heeft in vele werelden gewandeld, leidde twee decennia lang rondleidingen naar heilige plaatsen, was meer dan 30 jaar managementconsultant voor universiteiten, de overheid en het bedrijfsleven en had een psycho-

therapiepraktijk gespecialiseerd in spirituele transformatie.

In 2000 richtte ze het International Institute for Transformation (IIT) op, dat programma's aanbiedt om mensen te helpen bewuste scheppers te worden en te werken met de spirituele wetten die onze wereld regeren. Haar gave is om anderen te helpen een bezield persoonlijk leven te ontwikkelen, dat in harmonie is met de Aarde.

Haar kennis en begrip van andere werelden en spirituele rijken is terug te vinden in een aantal van haar populairste boeken: *Een zomer met het kleine volkje; Goeiemorgen, Henry: een diepgaande dialoog met je innerlijke intelligentie; Spirits van Hawaï: mystieke ontmoetingen met de Voorouders; Hybriden: mensen met een ruimer bewustzijn; The Leprechaun's Story.*

Om de auteur te schrijven, boeken of mp3's te bestellen, of voor informatie over aankomende workshops, kunt u contact opnemen met:

TANIS HELLIWELL

1766 Hollingsworth Rd,

Powell River, BC, Canada V8A 0M4

tanis@tanishelliwell.com

tanishelliwell.com | facebook.com/Tanis.Helliwell